吴冠中艺谭

大家纵论

吴冠中◎著　贾方舟◎主编

山西出版传媒集团　北岳文艺出版社
BEIYUE LITERATURE & ART PUBLISHING HOUSE
·太原·

图书在版编目（CIP）数据

吴冠中艺谭·大家纵论 / 贾方舟主编；吴冠中著. —
太原：北岳文艺出版社，2021.1
ISBN 978-7-5378-6220-2

Ⅰ．①吴… Ⅱ．①贾… ②吴… Ⅲ．①散文集－中国－当代 Ⅳ．① I267

中国版本图书馆 CIP 数据核字 (2020) 第 090439 号

吴冠中艺谭·大家纵论

吴冠中　著　　贾方舟　主编

//

策划	出版发行：山西出版传媒集团·北岳文艺出版社
续小强　韩玉峰	地址：山西省太原市并州南路 57 号　邮编：030012
	电话：0351-5628696（发行部）　0351-5628688（总编室）
责任编辑	传真：0351-5628680
谢放	经销商：新华书店
	印刷装订：山西人民印刷有限责任公司
书籍设计	
张永文	开本：710mm×1000mm　1/16
	字数：225 千字　印张：17
印装监制	版次：2021 年 1 月第 1 版
郭勇	印次：2021 年 1 月山西第 1 次印刷
	书号：ISBN 978-7-5378-6220-2
	定价：98.00 元

本书版权为本社独家所有，未经本社同意不得转载、摘编或复制

序

贾方舟

《吴冠中艺谭》第一集《艺术人生》已经与读者见面,计划中的第二集《大家纵论》也编辑完稿即将出版。《艺术人生》主要收入了吴冠中先生陆续写的与自己的人生经历、艺术履历相关的文字,这一集主要收入先生对古今中外名家大师的评介文字,因取名为《大家纵论》。

吴冠中本是一个画家,他为何拿起笔写作?要想回答这个问题,就不能不从改革开放初期说起。1979年的中国画坛,正处在风起云涌的大变革时刻,画家们在酝酿着如何超越各种禁区、打破既往的种种清规戒律,他们渴望了解被禁锢多年的西方现代艺术与其理论。但由于多年来深为僵化教条的理论所束缚,许多理论家不敢贸然直陈己见,而更多的理论家则依然把教条当作真理来捍卫。

吴冠中身为一个艺术家,本无意于在理论上有什么建树,他只是想讲真话,把憋了三十年一直想说而又不能说的话说出来。憋了一肚子真话想讲出来的人不少,但有勇气说出来的却只有吴冠中。因此,吴冠中在当时面对的绝不仅仅是几个个别人的不同意见,而是对居于艺术界统治地位的思想认识论进行对抗。他所谈的"形式问题"也绝不仅仅是一个绘画专业上的技术问题,而是对整个原有理论体系的挑战。因此,他的直言对20世纪80年代中期以青年为主体的新潮美术的崛起起到了引导性的作用。

早在1978年,吴冠中就在致他的学生的信中提出要进行"创造新风格的美术解放战争","打垮保守势力,解放自己,解放美术领域里的奴才"。还说,"在卫星早已发射升空的今日,人们不满足于只欣赏蒸汽机时代的作品,现代的中国人需要了解现代的外国人的思想、情绪和艺术手法……"吴冠中就是这样直言不讳地公开表明自己的态度。在当时,没有人像他那样表现出对中国艺术走向现代的真诚渴望。1979年初,他在一次讨论会上这样呼吁:"现代的西方美术要开放。长期以来对西方美术基本上采取排斥的方针,不开放,这很不好。在世界上不论大国、小国,先进的、落后的,对现代美术很少像我们国家这样的态度。为实现四化,在科学技术上我们要学习外国的先进经验,在文艺方面,也要打开眼界。要研究现代美术,起码要把它拿来,鉴别、消化……我们要开放,要相信人民是有眼睛的,有免疫力的。"(见1979年《美术》第2期《要重视油画问题》)

接着他又发表了《绘画的形式美》,这篇载于1979年第5期《美术》杂志的文章,立即引起巨大反响,因为它所触及的是一个三十年来讳莫如深的话题,而新时期的美术理论正是以"形式问题"作为突破口,在新旧观念的对抗中艰难地得以拓展。

在《绘画的形式美》引起接连不断的争论期间,吴冠中始终站在美术理论的最前沿进行着他的形式启蒙,自觉不自觉地扮演着一个新时期美术理论的开拓者的角色。理论界一些最早触及时弊、引起争议、产生回响的文章,多出自他的笔下。在《绘画的形式美》一文发表之后,接着又发表了《造型艺术离不开对人体美的研究》《关于抽象美》和《内容决定形式?》等文章。在这些文章中,他提出了许多有价值的和带有挑战意味的观点,或引起持久的争论,或遭到猛烈的抨击。在当时的政治大环境下,吴冠中对艺术问题的直抒己见,实际上冒着很大的风险。他不是理论家,不可能对自己提出的艺术问题做出纯理论的阐释。但是,出于对中国文化的责任感,出于对艺术发展的真诚愿望,他不能不说,他显然已把个人的风险置之度外。

在整个改革开放初期，吴冠中一直十分活跃，去做展览，发表讲演，连续发表文章，宣传他的艺术主张。虽然不断受到保守思想的抵制，但他的主张却在广大青年画家中产生强烈共鸣与回响。可以说，一向勤于在画布上耕耘的艺术家，同时也在新时期美术理论的开拓中有着卓越建树。他的主要成就虽然是在绘画方面，却也不能低估他在理论上产生的影响力，尤其是在新时期初期，理论家还没有足够的理论勇气，同时对西方现代理论也缺乏必要的了解，因此，他的奔走疾呼、他的形式启蒙就显得尤为重要。

吴冠中在连续发表上述文章的同时，也不断将西方一些现代派大师介绍到中国来，如：梵高、毕加索、德加、郁特里罗、莫迪里阿尼、罗丹、摩尔以及更早的夏凡纳、波提切利等。对于他所心仪的中国传统画家，他也不惜笔墨予以评介，用他的"形式主义解剖刀"重新评价他们的画论和艺术。例如他最早评介的虚谷，就是在形式语言的探索中具有卓越成就的一位绘画大师。对于石涛的画论和艺术，他也有着特别的兴趣，不仅撰文分析他的作品，还写了一本《我读"石涛画语录"》单独出版。

吴冠中的《大家纵论》，还涉及20世纪中国的许多重要艺术家，这里既有他的师辈如潘天寿、林风眠、吴大羽、陈之佛，也有比他年长的艺术家如常玉、李可染、卫天霖、石鲁以及同辈艺术家祝大年、熊秉明、刘国松、袁运甫、罗工柳等，还有他的学生中卓有成就的王怀庆、刘巨德等，总之，入选在这本《大家纵论》中的艺术家，可以说古今中外无所不包。艺术家吴冠中不仅用他的一支笔画画，还用他的另一支笔写作，先后完成两百多万字的文稿。收入《吴冠中艺谭》中的《艺术人生》和《大家纵论》两集文稿正是从七卷本的《吴冠中文丛》中遴选出来的。

我曾在一篇文章中说，吴冠中不仅是20世纪中国艺术走向现代的领军人物和最具开拓精神和创造活力的艺术家，而且也是新时期美术理论的建设者与开拓者。正如英国汉学家迈克·苏立文说："能像吴冠中这样对自己的艺术与艺术本身以及同道所面对的问题作如此周密的思考与阐述的人实在不多。单凭他发表的文字就足以让他在艺坛上占一席之地。尤其是他那样强烈、简练与坦诚的表达方式,可与他所崇仰的梵高媲美。"

2020年5月6日于北京京北槐园

目录

001　波提切利的《春》

005　梦里人间
　　　——忆夏凡纳的壁画

010　姑娘呵，你慢些舞，让德加画个够

014　思想者的迷惘
　　　——寄语罗丹之展

016　梵　高

024　身家性命烈火中
　　　——读《亲爱的提奥——凡高书信体自传》

032　天涯咫尺
　　　——喜看毕加索画展

034　郁特里罗的风景画

039　伸与曲
　　　——莫迪里阿尼的形式直觉

045　摩尔在北海

048　我读《石涛画语录》

084　百代宗师一僧人
　　——谈石涛艺术

091　虚谷所见

096　尸骨已焚说宗师

109　潘天寿绘画的造型特色

117　吴大羽
　　——被遗忘、被发现的星

126　陈之佛

133　温故启新
　　——读常书鸿老师的画

136　卫天霖与北京艺术学院

141　说常玉

147　石鲁的腔及其他

154　魂与胆
　　——李可染绘画的独创性

161　艳花高树
　　——重彩画家祝大年

164　说熊秉明

170　追求天趣的画家刘国松

174 静观有慧眼
　　——郑为作品简介

177 闻香下马
　　——品罗工柳艺术回顾展

180 安居乐业漆画乡
　　——谈乔十光的艺术

184 袁运甫的寰宇

186 拆与结
　　——说王怀庆的油画艺术

189 我的两个学生
　　——钟蜀珩和刘巨德的故事

192 踏破铁鞋缘底事
　　——关于阎振铎

波提切利的《春》

波提切利（1446—1510）在15世纪意大利的佛罗伦萨艺坛上占着特殊地位，他的风格不仅在当时是独特的，就从整个欧洲绘画史来看，也是异常突出的。在他的创作中交织着两种极不相同的因素：一种是人文主义的倾向，亦即现实人间的生活气息；另一种则是中世纪的神秘色彩。在他中期成功的作品中，这两种因素被独特地结合在一起，而人文主义的倾向起着主导作用。画中那些美貌的圣母或女神是有血有肉的、世俗的，但从其略呈尖瘦的脸型及动作姿态的戏剧性等特点中，又使人感到她们同时具有几分神的意味，而这些神是诗化了的人。晚期作品虽更重视人物情绪的刻画，但越来越远离了文艺复兴的基本精神，宗教色彩和愁苦心情统治了画面。所以波提切利一生的作品虽很多，但最具有代表性，并最能代表15世纪佛罗伦萨时代特征的作品，无疑是《春》及《维纳斯的诞生》。说到波提切利，人们想到的首先是《春》及《维纳斯的诞生》，其中几个少女的头部复制品还出现在现代欧洲理发店的广告中。

《春》是从波里齐阿诺的诗①得到启发，别开生面地创造了希腊神话中的形象。内容的表现大体如下：在黎明的橘树林里，飘来了一群女神，这仿佛在牛郎织女的神话故事中，牛郎所看到的仙女们降落人间的场景。

---

① 波里齐阿诺，意大利诗人。这里提到的诗指寓言长诗《吉奥斯特纳》。

墨丘利①领路，他的蛇杖点触处，万木都苏醒过来。接着是"美丽""青春""欢乐"三女神，姿态绰约，且行且舞。位居画面中央的是爱神维纳斯，她轻举着右手像是控制着整个行列。维纳斯之后是春之神，她接来花神芙罗拉口中吐出的花朵，又将花朵一路散播开去。从树林中推送着花神的是西风之神仄费罗斯，他的阴冷的形象犹如一角冬天，正好衬托了展开的初春。女神们足迹所及，百花齐放。高处，小爱神丘比特在盲目发箭，那是燃烧着的爱情之箭。

新兴资产阶级积累了剥削来的财富，过着安闲逸乐的生活，他们住腻了宫廷，开始去享受户外生活的快乐，去后花园或山林中游戏作乐，轻歌曼舞，谈情说爱；《春》，作于1478年（一说作于1481—1482年间），正是对这种生活趣味的反映。曾是美第奇宫中得宠者的波提切利，颇有机会参与宫中的许多狂欢节日，对宫中生活是熟悉的。故《春》虽寄诗于神话中，却同时也可以说是某些真实场景的记录，其中领路的墨丘利也像是美第奇家成员的肖像。

《春》的画中人所穿的纱及丝绒等花、素贵重衣料，标志了当时佛罗伦萨、威尼斯及北方佛兰德斯等地的纺织工业水平。仔细看看他们头上戴的、胸前挂的、脚上穿的，生活的享受已是十分考究和细腻了。据植物学家统计，画面上共有五十来种花草，一一可辨认，都是当时佛罗伦萨园林中生长的品种，这些不同季节的奇花异草被波提切利组织在同一画面中。

静穆是画面的主调。果木花草滋润清新，像是昨夜春雨新洗。晨风温凉，吹送着芬芳。环境虽美，但气氛是冷的，姑娘们脸上也都不浮一丝笑容，看来她们的内心并不愉快，相反的像是罩着一层淡淡的哀愁。《春》表现的虽是欢乐的主题，但使人感到的却是好景不长、年光易逝的惆怅。

---

①墨丘利是神之使者，终日奔走道路中，故鞋上有翅膀，他常持和平杖，能调解任何纠纷。有一日见二蛇相斗，他以杖投之，二蛇便相亲相爱盘踞杖上，乃成蛇杖。

出身制革匠家庭的波提切利，体弱多病，虽托庇宫中，看来是沉默寡欢的。受命作《春》，他仍忠实于自己的感受，没有故作媚态，他抒写的不是春暖，是春寒。

波提切利的作品不仅富于诗的想象，文学意味隽永，在造型手法方面更是独树一帜。他不仅是卓越的色彩画家，又是极结实的素描画家。他在造型中不依赖明暗的效果来表现立体感，主要是严格刻画形象的组织结构和性格特征，达到笔笔不苟而且整个形象洗练统一，在人体和肖像中是如此，在大幅构图中亦是如此。他的女人体的造型主要是表达姿态动作的节奏美，其修长匀称的腿不是在地面上走，而是在舞，在飘。看《春》中那三个正在跳舞的少女的臂膀，上下左右的动作被巧妙地安排后，要细心辨认才能弄清楚谁和谁的臂膀，这样，予人一种错觉：她们的臂膀忽上忽下，具有连续动作的效果。并且，为了衬托这些风前人物的波状动态，背景那一排排深色的树干画得分外坚硬，而且几乎都是垂直的。这一隐藏着的对照手法作者同样用在《维纳斯的诞生》中。

波提切利不仅在形象刻画中降低明暗调子，突出了线的效果，在整个构图处理中他也不受透视的约束。他不渲染远近虚实，主要在疏密穿插中经营画面。这样的表现形式便对组织结构提出了十二分严格的要求：画面上任何一个小角落都不允许丝毫含糊，哪怕是一片树叶的俯仰，一只果子的向背，都煞费苦心地推敲。

由于在形象刻画中不强调立体感，在构图处理中不强调深远感，便易追求画面的装饰效果。波提切利自从最初学画起，终生都在探求着装饰形式，由于对装饰效果过度的偏爱，有时甚至不免削弱了形象的生命力。他经常以茂密的花叶衬托人物形象，以繁杂的装饰品点缀人物形象，表现密密的衣褶和千丝万缕的发束更是他拿手的好技法。他的画面布满着层层叠叠的线组织，空闲处是不多的，线组织的疏密谱出了其特有的节奏感。波提切利的艺术是以繁见胜，其人物刻画虽极洗练，而整个画面的效果是充实丰富的，这颇有些接近我国民间年画的处理手法，所以一般认为波提切利的作品具有东方色彩。

载《世界美术》1979年第2期

波提切利　维纳斯的诞生（局部）　1485-1486年

波提切利　春　1477年

波提切利　春（局部）1477年

波提切利　春（局部）　1477年

梦里人间
——忆夏凡纳的壁画

人们都做过各式各样的梦。做了噩梦,惊醒时通身汗湿,怦怦心跳,余悸犹在。当在梵蒂冈西斯庭教堂看到米开朗基罗(1475—1564)的壁画《最后的审判》时,仿佛就是这种梦境的再现!我们也做过轻松舒适的梦,幽静的田野任你信步,温情脉脉的人们与你无争,景色是美好的,人世间是善良的……梦醒后会为失掉了这寓言世界而惆怅!那么我们去瞻仰夏凡纳(1824—1898)的壁画吧,我们于此又进入了失去的好梦境!米开朗基罗表现了天堂地狱的紧张,夏凡纳抒写了人间的宁静,宁静也许只是片时的,但人们祈求宁静!

我瞻仰过威尼斯丁托累托(1518—1594)和委罗内赛(1528—1588)的巨幅壁画,金碧辉煌的服饰,雍容华贵的人物,那种奢靡的贵族之家欲令人陶醉吧,但并未能给我刻下不可磨灭的印象;我看过大街的巨幅油画《加冕》,庄严肃穆的宫廷仪仗令人生畏,但与我何干!我看过许许多多虔诚的宗教壁画,也都未能引起我多大的共鸣。但在夏凡纳的朴素的壁画前,我感到特别亲切,我不自觉地放慢脚步,停下来,近看,细读,我被深深感染了!那是人间,是民间,是我们老百姓生活在其中的天地!夏凡纳曾进入德拉克洛瓦(1798—1863)的画室,并得到这位大师的青睐。但他很快发现这是一种误会,伟大的浪漫派大师、杰出的色彩画家德拉克洛瓦善于渲染强烈的色彩,但却是平庸的教师,他的学生不能得其三昧，往往胡乱涂抹。夏凡纳所见的自然不是如此，他偏爱的是"和谐"。气质不能教人。他和大师不是同路人，他离开了大师，只着眼于生活和自然的真实，终生认定了那是灵感唯一的源泉。粗粗浏览一下夏凡纳的壁画，往往可遇见浓密的丛林、丰满的葡萄园、静静的湖泊、缓缓的河流，农夫们在推磨、犁田，樵夫在打柴，泥水匠在建墙，木匠在造桥，铁匠在打铁，妇女们将苹果送入酒窖，或纺线，或织网，载重的船在行驶，柳荫深处有人们在洗澡，岸上年轻的母亲在哺乳……作者将富饶可爱的祖国的优美生活历历展现在读者面前，看过夏凡纳壁画的全世界读者们，也都会向往着这梦境般和平、安居乐业的法兰西吧！

夏凡纳在大壁画中往往用象征手法表现寓意，如巴黎大学圆厅的《文学、科学和艺术》，里昂艺术宫的《文艺女神在圣林中》，巴黎市政厅的《夏》和《冬》，马赛宫的《马赛，东方之门》，亚眠博物馆的《和平》《战争》《劳动》《休息》以及《秋》《睡眠》……道是有"题"却无"题"，这些壁画的题目也只是楔子或引言，作者于此抒写的真正内容是人间生活的长河，是宽银幕的风俗画，是人与大自然的综合造型美，是形象美的诗篇。在《文学、科学和艺术》的世界里，科学家、学者和文艺家们在研究、思考，漫步于林间草坪，人们有着共同美好的理想吧，互相呼应又互不干扰。世界上真有这种仙境吗？月球里已肯定没有，这只存在于夏凡纳的壁画中。在《文艺女神在圣林中》，作者没有将众神安排在希腊赫利孔神山上，画面中只是湖畔疏林，卡丽奥普给姐妹们朗诵诗句，有人闲谈，有人默坐，有人懒洋洋躺在点缀着花朵的绿茵上，欧戴普与泰丽正在空中唱歌弹琴，飞来相会。水仙非仙，清白洁净便自成仙，神女们的飘逸高贵来自造型的典雅优美，几个爱奥尼式的卷涡柱头是希腊时代的见证。

夏凡纳的壁画主要分散在亚眠、里昂、卢昂、夏特勒、普瓦基埃市政厅、巴黎市政厅、尚帕涅教堂、波士顿图书馆及巴黎大学等处，最为集中的是在巴黎先贤祠。此馆始建于1754年，法国大革命后这里便作为伟人们的殡葬处，雨果、左拉们的骨灰也都安置在这里，馆上铭刻着大字："国家感激伟人们"。1874年后，夏凡纳于此作了一系列的巨幅壁画，从此先贤祠更增添了艺术的光辉。这组壁画主要是表现了传说中保护巴黎的圣女圣日内维耶的故事，如《圣女的童年》《圣女在祈祷》《圣女在分发食物——人民因巴黎被围处在饥馑中》《圣女在守护着沉睡中的巴黎》……今天，为了写这篇稿子，我查阅了圣女的传说，她诞生于南戴尔，天主教将每年的1月3日作为她的纪念日。但当年在先贤祠看夏凡纳的壁画时，我根本没有去研究什么圣女的经历，一头就扑向眼前展现的劳动人群：他们从帆船上背下粮食；乡亲们围绕着神父在欣赏一位美丽的小姑娘；男子壮健的背影；年轻的妈妈抱着可爱的娃娃；耕牛、大树、遥远的青山，羊群分散开去，有的在默默低头吃草，有的仿佛诗人似的伏在幽静的角落里；蓝蓝的夜空，月色皎皎，巴黎沉睡了，憔悴的老妇守在门前，是她的不眠之夜……壁画中圣女的形象正源于夏凡纳的夫人，那"守夜的圣女"已是她抱病时最后一次做模特儿，夏凡纳作完这幅画后不久，夫妇俩便相继去世了。

夏凡纳的人物造型修长，姿态绰约，站着的亭亭玉立，躺卧的舒适自如，或横斜侧卧，或曲臂支颔，每个动作都考虑到剪影效果，低头沉思与仰天遐想又均出自内心的流露。群像组合间俯仰顾盼更显得情意绵绵，动作轻松柔和，仿佛电影慢镜头所摄取到的最优美姿势的瞬间。夏凡纳经常用高高的树林构成画面，紧密配合以站立为主的人物，从人物的直线上升到林木的垂线，垂直线是画面的主调，它保证了壁画和墙面的均衡及稳定感。夏凡纳降低了光影效果，有体无光，他用线与块面结合塑造人和景的装饰性形象。构图和物象身段的剪裁是他艺事成败的关键。他以素雅色彩为主调铺盖巨幅壁画，使室内保持安宁平静，使墙面显得后退了，画境与观众保持着一定的距离，不使人感到压抑。局部设色则采用固有色搭配的装饰效果，当一群妇女集合在一起时，她们间浅绛粉色之类的衣裙色块穿插使我联想到《韩熙载夜宴图》中的演奏乐女们。如果要以最简单的几个字来概括夏凡纳壁画的艺术特色，那就是："和谐"与"单纯"。众多的人，各样的景，不同的形，各异的色，画面的一切都统一在高度的和谐里，这是夏氏独家的和谐。至于单纯，那是愈到晚期愈近炉火纯青。他早期作品也曾受威尼斯派或普桑（1594—1665）等人的牧歌式情调的感染，画面沉浸在明暗的氛围中，并略带一些甜腻之味。晚期作品则单纯清澈，呈现出东方壁画的特色，这是夏凡纳风格的成熟，所以他自己说，先贤祠的壁画将写出他的遗嘱。

夏凡纳的人物都是古装，希腊的姿态，罗马风度的服饰，但背景风光却是现代的。人生易老天难老，世纪继承着世纪，宇宙和自然的变化是不明显的。人呢？人易变，但人的本质，赤裸裸的人也是变化不大的。夏凡纳笔底的人间是古今有普遍性、有永恒性的人间！

夏凡纳在作先贤祠的巨幅壁画期间，利用间隙时间作了一幅《贫苦的渔夫》，画面天气肃杀，可怜的渔夫立在木船里合着双手低头在等待，等待鱼？等待命运？桨、网和船底倒影的强劲纵横线组成了渔夫的牢笼。婴儿裸卧在沙滩草地里，妇人采折野花想逗孩子吧。都德的小说以含泪的微笑叙述心酸的苦难，夏凡纳这幅渔夫是沉默的申诉！

夏凡纳构图的另一重要特色是人和景的有机组合。西方历代名画中以人物为主，配以背景的佳作不少。柯罗（1796—1875）的许多风景画中出现抒情性的人物，但仍是以风景为主，人物只是点缀。夏凡纳画中的人和景的分量是平衡的，相互的制约关系是严谨的，有的建筑物几乎同界画一般规矩，但和人物的波状线仍配合得十分协调。人物造型优美，作者确是煞费推敲，"呕尽了心血"。树木结构也刻画得坚实多姿，都是在生活中深入观察和实地写生得来，每棵树都坚挺有力，生气勃勃。我这个东方人在瞻仰夏凡纳的作品时，不自觉地就联想到韩滉的《文苑图》和宋人无款作品《寒林秋思图》，他们有表现手法的共鸣，也有意境的共鸣。

载《世界美术》1980年第2期

姑娘呵，你慢些舞，让德加画个够

白驹过隙，刹那间的形象唤起了人们的美感！造型美，一般是从静观中得来，遇到美的形象，谁都想细细看，慢慢欣赏，恋恋不忍离去。学过一点西洋画的学生，面对着绘画的对象，总要求人家坐着别动，似乎一动美就溜掉了！舞蹈是动作之美，虽未必就是白驹过隙，但其"美"确存在于运动之中。造型之美在静观，舞蹈之美在飞逝；鱼我所欲也，熊掌亦我所欲也，二者不可兼得乎？京剧动作很美，杰出的演员正表现得入神，观众张着嘴、屏住呼吸都陶醉在其艺术的浪涛里了。突然，锣鼓中断，一个亮相，演员完全静止了，绝对静止了，台下一片掌声，观众快意地、满足地惊叹这冰冻了的运动之美！表现舞蹈美的画家们也正是善于亮相的杰出演员！

法国印象派画家德加（1834—1917）的特色是表现运动中的舞蹈美的印象。与所有的印象派画家不同，德加完全不画风景，他专画人，主要画舞女和舞蹈人的生活。德加，他完全不是花花公子为消闲或玩弄而描绘女舞蹈家，他表现了这些优美舞蹈动作创造者们的艰辛与苦难，华美的衣裙只片时地掩饰了肉体的疲惫，乐池里的吹奏者们虽个个服装笔挺，那紧张的演奏和面部严肃表情的背后却隐藏着失业危险的恐惧心理！此外，德加还画被生活压得喘不过气来的熨衣服的妇女，画咖啡店中忧郁地对着酒杯发愁的下层公民……

德加具有极过硬的写实功力，他是带着雄厚的古典功底参与印象派行列的。他善于捕捉无论是静的或动的对象,而且把握性强。这不仅靠写生能力,更主要靠观察能力。扭曲中的腰肢、旋转着的股腿、打喷嚏的妇女、跨上奔马的骑士……能让你写生吗?但却被德加表达得淋漓尽致。因表现动作的题材多,故德加多用线,单线、复线、重叠着的线、粗粗细细交织着的线、断断续续意到笔不到的线,只要能缚住运动的特色与美感,手段是完全不必计较的。"高古游丝描"宜于表现柔和之美感吧,但柔和之美感不一定靠"高古游丝描"来表现。粗线亦可以表现柔和,折线(带棱角的线)同样可表现蜿蜒。西班牙舞中强烈的节奏感,我感到就有些像用顿挫的笔法,用折线表现了曲折之美而不失委婉之致。形式美的关键是形象整体的组织结构,"谨毛而失貌",捕捉舞蹈美是紧张的追踪捕斗,谁顾得上细修边幅!所以德加不很喜欢油画,他更多地用粉笔画,因后者更便于快速追求他偏爱的运动美。他虽也善于用色,但主要还是求形,他的强烈鲜明的色彩是从属于形的,只不过是

于非闇　摹《女史箴图》(局部)

为了加强形的运动感,这点他与大部分印象派伙伴们不一样。

芭蕾舞在我们国内还不普及,但柔软体操表演已几乎是人人都争着欣赏的了,二者同样都是人体美,运动中的人体美。美术家表现这方面的美时,不同于摄影或电视,他们有时用"粗"来表现"细",用"硬"来表现"软",用"静"来表现"动",这些矛盾着的方面的辩证处理是造型艺术的特殊手法和规律吧!所以罗丹(1840—1917)和德加用雕塑来表现舞蹈,粗笨凝重的泥塑与铸铜偏偏能揭开运动形象的奥秘!不似不似?却似却似!

德加已是一百年前的德加,他用"静"给我们留下了当年的"动"的美,他早已获得了世界声誉。一百年来舞台速写已很普遍,人才辈出,我刚收到今年第一期《文艺研究》,重新发表了"文化大革命"前叶浅予同志的舞台速写。这几幅速写,无论从生动、准确、概括、洗练、深刻和粗犷各方面比,都不亚于德加,有过之无不及呵!我们要学习前人和洋人,决不能故步自封,但也不要妄自菲薄!人们的感觉总是愈来愈敏锐,愈来愈复杂,审美观的发展如后浪推前浪,永远推向新的远方!人们逐渐发现、认识了本来存在于生活中的抽象美的因素,如溶洞钟乳石,如大理石云纹,如落英缤纷,如树影摇曳……我们的祖先也早就在假山石、书法及舞蹈等形象艺术中有意无意发挥了抽象美。静止的造型艺术力图冲破孤立片面的形象美,想兼容不同时间和不同角度的美于同一整体结构之中,仿佛要令人在一件作品中感受到连续动作之美。这种新关系首先很容易发生在动与静、舞蹈美与造型美之间。二重唱,声与声之间的互相衬托对比;双人舞,动作与动作之间的交错组合美,这些艺术处理早已为群众所爱好,但超出时间和空间局限的美术作品还不易被理解和接受!我并不主张要追随西方的抽象派,但音乐、舞蹈和美术它们都离不开抽象之美吧!"移步换形"是我们前辈艺人的体会和创造,这种不同角度的美感变化何尝不可植入同一件造型作品之中！我们的美术绝不会永远被囚在摄影镜头里,有才华的舞台速写家纪念德加、研究德加,并必然将远远超过德加!

1980 年

思想者的迷惘
——寄语罗丹之展

法兰西失尽海外的殖民地，巴黎却永远是全世界艺术崇敬者的麦加。罗丹的《思想者》高踞于自家庭院里，天天接待来自全世界各色人种的瞻仰与膜拜。巴黎的地铁靠近罗丹博物馆的那一站，站台两壁的张挂全部是罗丹作品的巨幅照片，是旅游广告，是民族骄傲。

罗丹　思想者（1880-1900年）

出国成潮。那潮，起于贫穷落后的国度，人们涌向西方发达国家，去学习、谋生、乞讨。立志自救的中国改革开放，促进了经济、文化的交流，潮去潮来，换了人间。罗丹的《思想者》初次出国，首先来到北京，落座于中国美术馆前，在东方人流中仍苦苦思索。

与印象主义绘画同步，罗丹冲破学院式雕刻一味精微描写对象形似的局限，毫不掩饰捏塑与劈凿的手感，淋漓尽致地表现对象的造型特征，探求雕塑之所以独立为雕塑的本质美感。在展拓现代造型领域的同时，罗丹深深扎根于人间社会，他的美感诞生于人生的悲欢：《加莱义民》《地狱之门》《行走的人》《夏娃》《娼妇》《爱之吻》《造物之手》……雕塑家罗丹是思想者。这样一位巨匠经历了时间和地域的考验,其伟大和光芒与日俱增。曾是西方阳春白雪的罗丹,面对今日的中国观众,已是满城唱和的下里巴人了。从罗丹引申发展的布尔特尔、马约、亨利·摩尔、杰克梅蒂……他们比罗丹走得更远,但中国人民似乎尚看不真切,今罗丹既来,他们的被邀也应在期待中了。

马踏匈奴

世界上不少国家的元首访问过北京,他们百忙中大都想抽空看看长城。唯有法国的蓬皮杜先生宁可不看长城,提出要看云冈石窟,当时周恩来同志陪他去欣赏了祖国的瑰宝。今日并非元首的"思想者"来京,谁来招待贵宾?我多么盼望请霍去病墓及西安博物馆的汉唐雕刻群前来陪客。于罗丹作品展同时,展出我国古代雕刻,"思想者"从未见过这些东方古代雕刻原作,他将为之吃惊:古代东方原是现代西方的知音!被人们仰止了一个世纪的思想者面对二十个世纪前的无名氏之作,他将更堕入深深的迷惘中吧!

1993年

梵 高

每当我向不知梵高其人其画的人们介绍梵高时,往往自己先就激动,却找不到确切的语言来表达我的感受。以李白比其狂放?不适合。以玄奘比其信念?不恰当。以李贺或王勃比其短命才华?不一样。我童年看到飞蛾扑火被焚时,留下了深刻的永难磨灭的印象。梵高,他扑向太阳,被太阳熔化了!

先看其画,《唐吉老父像》画的是胡子拉碴的洋人,但我于此感到的却是故乡农村中父老大伯一样可亲的性格,那双劳动的粗壮大手曾摸过我们的小脑袋,他决不会因你弄脏了他粗糙的旧外套或新草帽而生气。医生迦歇,是他守护了可怜的梵高短促生命中最后的日子;他瘦削,显得有些劳累、憔悴,这位热爱印象派绘画的医生是平民阶层中辛苦的勤务员,梵高笔下的迦歇,是耶稣!邮递员露林是梵高的知己,在阿尔的小酒店里他们促膝谈心直至深夜,梵高一幅又一幅地画他的肖像,他总是高昂着头,帽箍上夺目的"邮差"字样一笔不苟,他为自己奔走在小城市里给人们传送音信的职业而感到崇高。露林的妻子是保姆,梵高至少画了她五幅肖像,几幅都以美丽的花朵围绕这位朴素的妇女,她不正处于人类幼苗的花朵之间嘛!他一系列的自画像则等读完他的生命史后由读者自己去辨认吧!

梵高是以绚烂的色彩、奔放的笔触表达狂热的感情而为人们熟知的。但他不同于印象派。印象派捕捉对象外表的美,梵高爱的是对象的本质,犹如对象的情人,他力图渗入对象的内部而占有其全部。印象派爱光,梵高爱的不是光,而是发光的太阳。他热爱色彩,分析色彩,他曾从一位老乐师学钢琴,想找出音和色之间的契合关系。但他在自己《夜咖啡店》一画的自述中反对单纯作色彩的音乐师,他追求用色彩的独特效果表现独特的内心感情,用白热化的明亮色彩表现引人堕落的夜咖啡店的黑暗景象。我从青少年学画时期起,一见梵高的作品便倾心,此后一直热爱他,到今天这种热爱感情无丝毫衰退。我想这吸引力除了来自其绘画本身的美以外,更多的是由于他火热的心与对象结成了不可分割的整体,他的作品能打动人的灵魂。形式美和意境美在梵高作品里得到了自然的、自由的和高度的结合,在人像中如此,在风景、静物中也如此。古今中外有千千万万画家,当他们的心灵已枯竭时,他们的手仍在继续作画,言之无情的乏味的图画汗牛充栋,但梵高的作品几乎每一幅都透露了作者的心脏在跳动。

梵高不倦地画向日葵。当他说:"黄色何其美!"这不仅仅是画家感觉的反应,其间包含着宗教信仰的感情。对于他,黄色是太阳之光,光和热的象征。他眼里的向日葵不是寻常的花朵。当我第一次见到他的向日葵时,我立即感到自己是多么渺小,我在瞻仰一群精力充沛、品格高尚、不修边幅、胸中怀有郁勃之气的劳苦人民肖像!米开朗基罗的《摩西像》一经被谁见过,它的形象便永远留在谁的记忆里;看过梵高的《向日葵》的人们,他们的深刻感觉

米开朗琪罗　摩西像(1513–1516年)

永远不会被世间无数向日葵所混淆、冲淡。一把粗木椅子，坐垫是草扎的，屋里虽简陋，椅腿却可舒畅地伸展，那是爷爷坐过的吧！或者它就是老爷爷！椅上一只烟斗透露了咱们家生活的许多侧面。椅腿椅背是平凡的横与直的结构，草垫也是直线向心的线组织。你再观察吧，那朴素色彩间却变化多端，甚至可说是华丽动人。凡是体验过、留意过苦难生活、纯朴生活的人们，看到这画当会感到分外亲切，它令人恋念、落泪！

梵高热爱土地，他的大量风景画不是景致，不是旅行游记，是人们生活在其间的大地，是孕育生命的空间，是母亲！他给弟弟提奥的信写道："……如果要生长，必须埋到土地里去。我告诉你，将你种到德朗特的土地里去，你将于此发芽，别在人行道上枯萎了。你将会对我说，有在城市中生长的草木，但你是麦子，你的位置是在麦田里……"他画铺满庄稼的田野、枝叶繁茂的果园、赤日当空下大地的热浪、风中的飞鸟……他的画面所有的用笔都具运动倾向，表现了一切生命都在滚动，从天际的云到田垄的沟，从人家到篱笆，从麦穗到野花，都互相在呼唤，在招手，甚至天在转，地在摇，都缘于画家的心在燃烧。

梵高几乎不用平涂手法。他的人像的背景即使是一片单纯的色调，也凭其强烈韵律感的笔触推进变化极微妙的色彩组成。就像是流水的河面，其间还有暗流和漩涡。人们经常被他的画意带进繁星闪烁的天空、瀑布奔腾的山谷……他不用纯灰色，但他的鲜明色彩并不艳，是含灰性质的、沉着的。他的画面往往通体透明无渣滓，如同银光闪闪的色彩所画的《西莱尼饭店》，明度和色相的掌握十分严谨，深色和重色的运用可说惜墨如金。他善于在极复杂极丰富的色块、色线和色点的交响乐中托出对象单纯的本质神貌。

无数杰出的画家令我敬佩，如周昉、郭熙、吴镇、仇英、提香、柯罗、马奈、塞尚……我爱他们的作品，但自身并无太多的需求去调查他们绘画以外的事。可是对另外一批画家，如老莲、石涛、八大山人、波提切利、德拉克洛瓦、梵高……我总怀着强烈的欲望想了解他们的血肉生活，钻入他们的内心去，特别是对梵高，我愿听到他每天的呼吸！

文森特·梵高1853年3月30日诞生于荷兰乡村津德尔特。那里天空低沉，平原上布着笔直的运河。他的家是乡村里一座有许多窗户的古老房子。父亲是牧师，家庭经济并不宽裕。少年文森特并不循规蹈矩，气质与周围的人不同，显得孤立。唯一与他感情融洽的是弟弟提奥。他不漂亮，当地人们老用好奇的眼光盯他，他回避。他的妹妹描述道："他并不修长，偏横宽，因常低头的坏习惯而背微驼，棕红的头发剪得短短的，草帽遮着有些奇异的脸。这不是青年人的脸，额上已略现皱纹，总是沉思而锁眉，深深的小眼睛似乎时蓝时绿。内心不易被认识，外表又不可爱，有几分像怪人。"

他父母为这性格孤僻的长子的前途感到忧虑。由叔父介绍，梵高被安顿到巴黎画商古比在海牙开设的分店中。商品是巴黎沙龙口味的油画及一些石版画，他负责包装和拆开画和书，手脚很灵巧，出色地工作了三年。后来他被派到伦敦分店，利用周末也作画消遣，他那时喜欢的作品大都是由于对画作主题的喜爱，满足于其中的一些图像，而他自己的艺术灵感尚在沉睡中。他爱上了房东寡妇的女儿，人家捉弄他，最后才告诉他，她早已订婚了。他因而神经衰弱，在伦敦被辞退。靠朋友帮助，总算又在巴黎总店找到了工作。他批评主顾选画的眼光和口味，主顾可不原谅这荷兰乡下人的"无礼"。他并说："商业是有组织的偷窃。"老板们很愤怒。此后他来往于巴黎、伦敦之间，职业使他厌倦，巴黎使他提不起兴趣，他读《圣经》，彻底脱离了古比画店，其时二十三岁。

他到伦敦教法文，二十来个学生大都是营养不良、面色苍白的儿童，穷苦的家长又都交不起学费。他改而从事宣道的职业，感到最迫切的事是宽慰世上受苦的人们，他决心要当牧师了。于是必须研究大学课程，首先要补文化基础课。他寄住到阿姆斯特丹当海军上将的叔父家里，顽强地钻研了十四个月,终于为学不成希腊文而失望,放弃了考试,决心以自己的方式传道。他离开阿姆斯特丹,到布鲁塞尔的福音学校。经三个月,人们不能给他明确的任务,但同意他可以自由身份冒着危险去矿区讲演。他在蒙斯一带的矿区工作了六个月,仿照最早基督徒的生活,将自己所有的一切分给劳苦的人们,自己只穿一件旧军装外衣,衬衣是自己用包裹布做的,鞋呢?脚本身就是鞋。住处是个窝,直接睡在地上。他看护从矿里回来的工人,他们在地下劳动了十二小时后精疲力竭,或带着爆炸的伤残。他参与斑疹伤寒传染病院的工作。他宣教,但缺乏口才。他瘦下去,衰弱下去,但决不肯半途而止。他的牧师父亲不了解这非凡的行径,赶来安慰他,安排他住到一家面包店里。委以宗教任务的上司被他那种过度的热忱吓怕了,找个借口撤了他的职。

他宣称:"基督是最最伟大的艺术家。"他开始绘画,作了大量水彩和素描,都是关乎矿工生活的。宗教倾向和艺术倾向间展开了难以协调的斗争,经过多少波涛的翻腾,后者终于获胜了!他再度回到已移居艾登的父亲家,但接着又返回矿区去,赤脚流血,奔走在大路的赎罪者与流浪者之间,露宿于星星之下,遭受"绝望"的蹂躏!

梵高已二十八岁,他到布鲁塞尔和海牙研究博物馆里大师们的作品。使他感兴趣的不再是宗教的或传说故事的图画,他在伦勃朗的作品前停留很久很久,他奔向了艺术大道。然而不幸的情网又两次摧毁了他的安宁,一次是由于在父母家遇到了一位表姐;另一次,1882年初,他收留了一位被穷困损伤了道德和肉体的妇人及其孩子,和她一起生活了十八个月。梵高让她当模特儿,她饮酒,抽雪茄,而他自己却常挨饿。一幅名《索劳》的素描,画她绝望地蹲着,乳房萎垂,梵高在上面写了米歇勒(1798—1874,法国历史学家和文学家)的一句话:"世间如何只有一个被遗弃的妇人!"

梵高终于不停地绘画了,他用阴暗不透明的色彩画深远的天空、辽阔

夏凡纳 贫苦的渔夫 1881年

德加　穿绿色服装的舞者　1880年

梵高 十二朵向日葵 1889年

梵高 有柏树的田野 1889年

的土地、故乡低矮的房子。当时杜米埃（1808—1879）对他起了极大的影响，因后者幽暗的低音调及所刻画的人与社会的面貌对他是亲切的。《吃土豆的人们》便是此时期的代表作。此后他以巨人的步伐高速前进，他只有六年可活了！他进了比利时的盎凡尔斯美术学院，颜料在他画布上泛滥，直流到地上。教授吃惊地问："你是谁？"他对着吼起来："荷兰人文森特！"他即时被降到了素描班。他爱上了鲁本斯（1577—1640）的画和日本浮世绘，在这样的影响下，解放了他的阴暗色调，他的调色板亮起来了。也由于研究了日本的线描富岳百图，他的线条也更准确、有力，风格化了。

他很快就不满足于盎凡尔斯了，1886年他决定到巴黎与弟弟提奥一同生活。以前他几乎只知道荷兰大师，至于法国的，只知米勒、杜米埃，巴比松派及蒙底塞利，现在他看德拉克洛瓦，看印象派绘画，并直接认识了洛特来克、毕沙罗、塞尚、雷诺阿、西斯莱及西涅克等新人，他受到了光、色和新技法的启示，修拉特别对他有影响。他用新眼光观察了。他很

修拉　大碗岛的星期日下午（1884—1886年）

快离开了谷蒙的工作室，到大街上作画，到巴黎附近作画，他用春天鲜明的蓝与玫瑰色画小酒店，色调变得娇柔而透明。巴黎解放了他的官感情欲，只《轮转中的囚徒》一画即唤起他往日的情思。

然而他决定要离开巴黎了！经济的原因之外，他主要不能停留在印象派画家们所追求的事物表面上，他不陶醉于光的幻变，他要投奔太阳。一天，在提奥桌上写下了惜别之言后，西方的夸父上路了！

1888年，梵高到了阿尔，在一家小旅店里租了一间房，下面是咖啡店。这里我们是熟悉的：狭窄的床和两把桌椅、咖啡店的球台和悬挂着三只太阳似的灯。他整日无休止地画起来：广场与街道、公园、落日、火车在远景中穿行的田野、花朵齐放的庭院、罐中的白玫瑰、筐里的柠檬、旧鞋、邮递员和保姆、海和船、一幅又一幅的自画像……他画，画，多少不朽的作品在这短短的岁月中源源诞生了！是可歌可泣的心灵的结晶，绝非寻常的图画！

他赞美南国的阿尔："呵！盛夏美丽的太阳！它敲打着脑袋定将令人发疯。"他用黄色涂满墙壁，饰以六幅向日葵，他想在此创建"友人之家"，邀请画家们来共同创作。但应邀前来的只高更一人。他俩热烈讨论艺术问题，高更高傲的训人口吻使梵高不能容忍，梵高将一只玻璃杯扔向高更的脑袋，第二天又用剃刀威胁他，争吵的结果是梵高割下了自己的一只耳朵。高更急匆匆离开了阿尔，梵高进了疯人院。包着耳朵的自画像、病院庭院、病院室内等奇异美丽的作品诞生了！他的病情时好时坏，不稳定，便又转到几里以外的圣·来米的疯人收容所。在这里他画周围的一切：房屋与庭院、橄榄和杉树、医生和园丁……熟透了的作品，像鲜血，随着急迫的呼吸，从割裂了的血管中阵阵喷射出来！

终于，《法兰西水星报》发表了一篇颇理解他绘画的文章，而且提奥报告了一个难以相信的消息：梵高的一幅画卖掉了！

疯病又几次发作，他吞食颜料。提奥安排他到离巴黎不远的挖弗尔·庶·奥瓦士去请迦歇医生治疗。在这位好医生的友谊、爱护和关照中，他倾吐了最后一批作品：《奥瓦士两岸》、《广阔的麦田》、《麦田里的乌鸦》、《出名的小市政府》、二幅《迦歇像》、《在弹钢琴的迦歇小姐》……

1890年7月27日，他借口打乌鸦借了手枪，到田野靠在一棵树干上将子弹射入了自己的胸膛，7月29日日出之前，他死了。他对提奥说的最后一句话是：苦难永不会终结。

载《美术》1980年第3期

身家性命烈火中
——读《亲爱的提奥——凡高①书信体自传》

亲友及熟人们闲谈时，每谈及西洋画，便往往会问我："听说有一位自己割掉耳朵的画家，是真的吗？是疯子吧！"我只能说是真的。我的回答止于此，很难在轻松短暂的叙谈中进一步介绍文森特·梵高其人其画，为他割耳朵的奇闻翻案定性。

我学画之始，一接触到梵高的画，便如着了魔，作品中强烈的感情与活跃的色彩如燃烧着的火焰，燃烧着读者。除却巫山不是云，我从此偏爱他，苦恋他，愿以自己年轻的生命融入他艺术的光亮与炽热之中！画如其人，我渴望更了解他。后来读到他的书信集，苦命作家发自内心的私房话，情悲怆而志宏远，语语催人泪下！20世纪50年代初，我从法国回到北京，曾毛遂自荐出版社，愿根据法文本翻译这书信集，并提到日本已译出近二十年了。我的自荐未被采纳，人们也继续在嘲笑割耳朵的疯子画家！一个多月前，我收到四川人民出版社寄来的他们刚出版的《亲爱的提奥——凡高书信体自传》（美国欧文·斯东夫妇编，平野译），感到十分欣喜。我当时正要外出，便带着这本六百五十多页的厚书在旅途中细读了一遍，庆贺梵高终于被真实地介绍给中国人民了。他何曾梦想过将会在东方古国看到无穷的鲜花：知音的爱、同行的泪！编者斯东于1934年出版了

---

①凡高为梵高的不同音译名。

他的小说体传记《梵高传》（如今在台湾和大陆先后均已有中译本），传记虽也写得动人，但仍有些传奇味道，特别是掺进了极不合适的浪漫情节。而这本书信体自传则句句是作者的内心独白，赤裸裸、血淋淋，没有比这更真实更深入的生命的写照了！编者将原稿一千六百七十页的材料缩编成一册流畅的、连贯的、分量适当的书，使每一个人都能够阅读与享受这本书，这对中国读者也是较合适的。

瀑布奔泻千丈，激动心弦，有心人都想攀上绝壁去探寻白练的源泉、力量的源泉，短促生命三十七载，却为人类创造了千古绝唱的杰作，人们都曾臆测过疯子梵高灵魂深处的天堂与地狱吧！梵高书信的发表，让我们紧跟着穷画家苦度了数十个春秋，触到了他心脏的剧烈跳动，听到了他的哀鸣，分享了他的醉。穷，折磨了他一辈子，找职业，找职业！店员、教师、传教士，最后将身家性命投入了绘画中，绘画是正规的职业吗？他从此坠入了无边际的贫穷海洋中，经常面临着被淹死的危机，面包、咖啡、衣帽、画具……一切的一切，全靠那个善心的弟弟提奥供给。弟弟提奥真是竭尽了母亲的职责，梵高给提奥的大量书信，是浪子对妈妈的倾诉！提奥也并不富裕，梵高不屡向弟弟要钱，每次也只要100法郎、20法郎、50法郎，都是急等着吃饭、付房租、还债。他是不忍心总向弟弟要钱的，他一直盼望和争取自己的作品能卖出去，卖出去，为了自己，更是为了解放提奥，当提奥告诉他终于卖掉了一幅画的时候，他已将要离开人世。

穷汉梵高具有一颗最炽热的心，他的爱像烈火，烘暖人心，也烧焦人的眉发。他真心真意爱穷苦的劳动者们，他到矿区传教，用他自己的感受与见解来讲解福音书，用他自己的有血有肉的具体的爱来替代基督教义抽象的爱。书信中说："……这里有许多患伤寒与恶热病的人，他们称之为可恶的寒热病，这种病使他们做噩梦，发谵语。在一幢房子里的人全患热病，很少或者根本没有人来帮助他们，所以他们不得不自己来护理病人。大多数煤矿工人由于热病而变得身体瘦弱，脸色苍白，形容憔悴，疲惫不堪,由于饱经风霜而使他们早衰,妇女们也都瘦骨嶙峋。煤矿矿山的周围,尽是工人们的小屋,房子的旁边有一些被烟熏黑的枯树、荆棘篱围、粪堆、垃圾堆,以及没有用的废煤堆。"在这样的地方工作,他说:"如果上帝保佑我,使我在这里得到一个永久性的职位的话,我会非常、非常高兴的。"

梵高无从考虑拯救广大苦难劳动者的根本的道路,他怀着深厚的同情与爱想来表现他们,这里是他绘画的萌芽。各样花朵有各自的种子,梵高绘画之花的种子里充满着苦难与爱情。

这样的梵高不能没有爱情,但是偏偏没有爱他的女人。他强烈地爱他的表姐,表姐是不肯嫁他的,后来回避他,他追到她家里求见,她不露面,他执意等待,将自己的手伸入蜡烛的火焰中能够保持多久就等待多久。有一个被遗弃的孕妇给梵高当模特儿,苦难人惜苦难人,梵高收容了她,一度组了个贫穷的小家庭,画家多么向往着宁静的生活、家庭的温暖啊!他又只能要求提奥负担每月添增的费用,提奥是天使!

小家庭毕竟破裂了,画家只能专一地到绘画中去寻找爱情的寄托和痛苦的麻醉。梵高从事绘画前后不过十年,但经常每天工作十小时,画得精疲力竭,最后的七年更是忘我地投入了如醉如狂的创作生涯,他的花朵是用血浇灌的。

梵高早期作品着眼于生活的苦难,着力描写吃土豆的农民、织布的工人、故乡荷兰的矮屋、田野里稀落的羊群……而这些也正是米勒

米勒　晚钟(1859年)

（1814—1875）的画题，米勒是他心目中的画圣。"米勒的《晚钟》是一件好作品，是美，是诗。你要尽力地赞美它；大多数人都对它不够重视。""呵，提奥，我说，米勒是一个多么伟大的人啊！我向德·布克借来申西尔的伟大著作；我点起灯，坐起来看这本书，因为白天我必须作画。我刚巧在昨天读到米勒所说的话：'艺术便是战斗。'"梵高看到他老师毛威的一幅画，画着拖渔船的瘦马，"这些可怜的、被虐待的老马，黑的、白的、棕色的马；它们忍耐地、柔顺地、心甘情愿地、从容自在地站着……我以为毛威的这幅画，是为米勒所称赞的那种少有的绘画作品。米勒会在这种画前面长久地站着，嘴里喃喃地自言自语地说：'画得很有感情，这才是画家。'"一天夜里，当他看到牛棚里的一个小姑娘因母牛阵痛而流泪时，他犹如看到了米勒的画面。当别人谈到法国学院派一些作家的作品时，梵高更愿看米勒画的家庭妇女，他认为，漂亮的躯体有什么意思呢？畜生也有肉体，或者甚至比人的肉体更加棒；至于灵魂，这是任何畜生都永远不会有的。他无休止地临摹米勒的作品，追求乡间的、纯朴的灵魂之美。"……当我有更多的收入的时候，我经常要搬到与大多数画家的要求不同的地区住，因为我的作品的构思，我所要采取的题材，顽强地要求我这样做……所以人们宁愿待在有东西可以画的最脏的地方，而不喜欢与漂亮的太太在茶会上鬼混——除非要画太太。"这样的艺术观奠定了梵高表现手法中现实主义的基本特征，他的作品深深地根植于现实，他永远不肯离开模特儿去虚构人物，他到处寻找模特儿，揭示模特由于身心磨难而铸成的独特形象，他笔底人物的形象令人永远难忘怀！

梵高从事绘画之始，绘画构思是与文学构思混淆着的，或者说更多情况是由于文学构思的推动，绘事有时不免居于从属地位。当他接触到巴黎的印象派之后，以视觉感受为主导的表现手法大大刺激了荷兰乡土画家，他彻底改变了固有的色彩学观念，斑斓的画面替代了沉郁的色调。但是他没有沉湎于印象派的迷人情调。"……通过印象派画家，色彩得到了肯定的发展（尽管他们进入了迷途）。然而德拉克洛瓦却已经比他们更加完善地达到了这个目标。米勒的画几乎是没有色彩的，他的作品多么了不起啊！从这一方面看，疯病是有益的，因为人会变得不太排斥别人。印象派有很多长处，但是从那些长处中却找不到人们想要看到的重要的东西。"

"巴黎人对于粗犷的作品缺乏鉴赏力，这是一种多么大的错误啊！我在巴黎所学到的东西，已经被我扔掉了，我返回到我知道印象派以前在乡下所拥有的观念。如果印象派画家责备我的画法，我不会感到惊奇，因为我主要的不是接受他们的影响，而是德拉克洛瓦的设想的影响。为了尽量表达我自己的情感，我更加任性地使用颜色。"其实梵高并没有扔掉巴黎学来的东西，他利用了印象派所发现的色彩的科学规律，更淋漓尽致地、神异地表达他强烈的感受与情思，以视觉形象为主的绘画构思是他画面的主导了。如果说他前期作品偏于诗中有画，则后期作品是画中有诗。"……色彩的研究。我始终想在这方面有所发明，利用两种补色的结合，它们的混合与他们的对比，类似色调的神秘颤动，表现两个爱人的爱；利用一种浅色的光亮衬着一个深沉的背景，表现脑子里的思想；利用一个星星表现希望；利用落日的光表现人的热情。在照相写实主义中确实没有什么东西，但是其实是不是存在着某些东西呢？""在我的油画《夜间咖啡馆》中，我想尽力表现咖啡馆是一个使人毁掉自己、发狂或者犯罪的地方这样一个观念。我要尽力以红色与绿色表现人的可怕激情。房间是血红色与深黄色的，中间是一张绿色的弹子台；房间里有四盏发出橘黄色与绿色光的柠檬黄的灯。那里处处都是在紫色与蓝色的阴郁的房间里睡着的小无赖身上极其相异的红色与绿色的冲突与对比。在一个角落里，一个熬夜的顾客的白色外衣变成柠檬黄色，或者淡的鲜绿色。可以说，我是要尽力表现下等酒店的黑暗势力，所有这些都处于一种魔鬼似的淡硫黄色与火炉似的气氛中，所有这一切都有着一种日本人的快活的外表与塔塔林[①]的好脾气。"

---

① 塔塔林：都德小说中人物。

地动山摇、树丛飞龙蛇、房屋伏狮虎、麦田滚热浪、醉云奔腾、繁花喷艳……一切都被织入了梵高豪迈绚丽画图的急剧漩涡里。20世纪50年代初，我曾专程去法国南方阿尔追寻梵高画境的源泉，并特意住进他住过的那类小旅店，一连几天到四野探寻大师的踪影。那里依旧有树丛、房屋、麦田、繁花……但其间并无龙蛇狮虎的骚动，房屋是稳定而垂直的，地平线是宁静的。梵高为了尽量减轻提奥的负担，一直在寻找生活最便宜的乡村，他不断迁居、流浪，每搬到一个新村子，都感到是美丽的，当地的人民是可爱的，情人眼里满是画。谁都见过繁星的夜空，谁又见过繁星似花朵的夜空！"……毕沙罗说得对：你必须大胆夸张色彩所产生的调和或者不调和的效果；正确的素描，正确的色彩，不是主要的东西，因为镜子里实物的反映能够把色彩与一切都留下来，但毕竟还不是画，而是与照片一样的东西。""当保尔·曼兹看到德拉克洛瓦感人的、强烈的草稿《基督的船》时，身子转了过去，大声说：'我不了解人们怎么能够被一点蓝色与绿色引起那么强烈的恐怖。'北斋也使你发出同样的呼喊，但是他是以他的线条、他的版画使你惊异的。当你在你的信中说：'波浪是爪子，船给波浪抓住'时，你感到恐怖。如果你把色彩画得真实，把素描画得真实，它就不会使你产生类似那样的感觉。""……我的手头有一幅画着田野上月亮升起的画，并且在努力画一幅我生病前几天开始画的油画——一幅《收割的人》，这幅习作全是黄色，颜料堆得很厚，但是主要的东西画得很好，很简练。这是一个画得轮廓模糊的人物，他好像一个为要在大热天把他的工作做完而拼命干活的魔鬼；我在这个收割的人身上，看到了一个死神的形象，他在收割的也许是人类。因此这是（如果你高兴这样说）与我以前所画的播种的人相反的题材。但是在这个死神身上，却没有一点悲哀的味道；他在明朗的日光下干活，太阳以一种纯金的光普照着万物。"读梵高画，画中总有一种勾人心魂的魅力，读其书，魅力来自平凡的、正直的、亲切的、被迫害的善良人的坦率的极度敏感！

梵高坚信，为工作而工作是所有一切伟大艺术家的原则，即使濒于挨饿，弃绝一切物质享受，也不灰心丧气。"你知道我经常考虑的是什么吗？即使我不成功，我仍要继续我所从事的工作；好作品不一定一下子就被人承认。然而这对我个人有什么关系呢？我是多么强烈地感到，人的情况与五谷的情况那样相似；如果不把你种在地里发芽，有什么关系呢？你可以夹在磨石中间磨成食品的原料。幸福与不幸福是两回事！两者都是需要的，都是有好处的。""颜料的账单是一块挂在脖子上的大石头，可是我必须继续负债！""要不是我长时期地饿肚子，我的身体会健壮的；但是我继续不断地在饿肚子与少画画之间进行选择，我曾经尽可能地选择前者，而不愿少画一些画。""当人们逐渐得到经验的时候，他同时也就失去了他的青春，这是一种不幸。如果情形不是这样的话，生活该会是多么美！"

狂热地工作的梵高的不幸不止于生活的坎坷，疾病不时来袭击，终于精神失常而割下了自己的耳朵，发了疯病，间歇性的疯病。间歇期间，神志仍是非常清醒的，他加倍发奋地作画，以此来压抑精神和肉体的痛苦。"贝隆大夫说，严格地说，我不是发疯，我想他是正确的；因为在发病的间歇，我的心境绝对正常，甚至比以前更加正常。幸亏那些讨厌的噩梦已经不再使我受折磨。而在发病的时候，噩梦是可怕的，我对一切都失去知觉。但是发病驱使我工作，认认真真地工作，像矿工那样；矿工们总是冒着危险，匆匆忙忙地干他们的工作的。""画画似乎对我的身体康复至关紧要，由于最近几天没有事情干，不能够到他们分配给我作画的房间里去作画，我几乎吃不消了。工作激励了我的意志，所以我不太注意我的心智衰弱。工作比别的什么都更能使我散心。如果我能够真正使自己全身心地从事画画的话，画画也许就是最好的药。"待到疾病复发，他感到绝望时，便借口打乌鸦，带着手枪到野地里结束了自己难以忍受的无边际的苦难生涯。

梵高书信体自传译本的出版，帮助中国读者真正了解这位伟大的画家，洞悉真正艺术家的最真实的心灵深处，广大美术工作者们将争着先读为快，我先读了，先表示对译者和四川人民出版社的感谢！

1985年

天涯咫尺
——喜看毕加索画展

20世纪50年代初，飞来一只毕加索（1881—1973）画的羽毛丰满的鸽子，她飞进了大大小小的和平运动的会堂。从此，中国广大人民都知道了毕加索是画和平鸽的世界大画家。毕加索抗议法西斯暴行的巨幅油画《格尔尼卡》在世界人民的政治运动和艺术生活中掀起了波澜，那是20世纪美术界悬于高空的一颗明星。为人类创造了大量珍贵财富的毕加索将为人们永远怀念。我记得1973年传出他逝世的消息时，法国一期即将出刊的美术杂志因已来不及作专题纪念，临时先附加了一页，是一只毕加索的毛茸茸的手的相片，大师的手，创造者之手！

随着密特朗总统先生的来访，毕加索的画到北京展出了，这是令人欣喜的新事，当然中国观众都要争取来看看这位世界大画家的难懂的原作。在预展中，一位法国朋友问我：你如何看待这些作品，有什么想法？我一面重温毕加索的艺术，一面更多在估量这些作品和中国人民间的距离——其感情的交融，其欣赏习惯的隔膜。在母爱的保护下《正在画画的克洛德》令父母和孩子们都感到亲切；《杂技艺人》那强劲而别致的表演令人向往，演员和观众都会为之兴叹，那表演只能在艺术空间中见到！《清淡的一餐》表现了患难夫妻的贫苦生活，世界上众多的苦难人民，曾长期生活在苦难中的中国人民对此都易共鸣。

享有九十余年高龄的毕加索参加了20世纪所有重大的艺术创新活动，

他的名字几乎成了现代艺术的象征。从现实社会中的乞丐、妓女、小丑到希腊的众神，从牛、马、禽鸟到木头、纸屑，可见的和未见的形象都入了他独自创造的形形色色的造型宇宙中，油画、版画、雕塑、陶瓷……他为创造的欲望所驱使，并未事先考虑为了装饰谁家的客厅。他具备坚强的写实功力，像庖丁解牛，他解体客观形象，根据新的意图和理想将之重新组合，但他永不停留在某一方面的发现中，野兽派、立体派、超现实派……都是，也都不是，他自己并不承认就属于哪一派。那些正面和侧面的脸型的综合，两只眼睛一上一下的差距，妇人和椅子的浑然一体……是不易用文学语言来解释的。如那幅《斗牛士》，固然也引发人们爱慕西班牙社会的豪迈之情，但最令美术工作者陶醉的还是那熔粗犷与华丽于一炉的突兀的画面。

  我注意到所有展出的油画均未签名，便提出了疑问，提供展品的毕加索博物馆的负责人回答说，毕加索的作品都只在离开工作室时才签名，这里展出的作品大都是在作者死后从工作室里清理出来的。这很难得，我们感谢这样深厚的友谊，虽只展出三十来件作品，却概括了作者七十余年的创作历程，作品都选得很精，中国人民在自己家里欣赏了这些难得的珍品，天涯咫尺，真感无限欣幸！

1983年

郁特里罗的风景画

"小楼一夜听春雨,深巷明朝卖杏花",我总很喜爱那小巷幽静的诗画意趣,觉得这是故乡江南的独特情调。当我最初接触到郁特里罗(1883—1955)的作品时,看到表现的都是巴黎寂寞冷落的小街小巷,白惨惨的粉墙,紧闭的门窗,使我立即感染到了东方的诗情画意,一见钟情,郁特里罗从此便属于我偏爱的风景画家了。

无数画家从世界各地投奔到巴黎,他们来创造自己的命运,有人成功,有人自杀。巴黎,仿佛是艺术的交易所,多少画家们于此付出了整个身家性命。高更、塞尚、梵高……许多不肯出让自己,坚守自己灵魂贞操的画家离开了巴黎。巴黎也有巴黎孕育的画家,郁特里罗便是最地道的土生土长的巴黎画家,他终生画巴黎,更多地画艺人们云集的蒙玛特市街,画下层人民居住的小街陋巷,那剥落了的墙壁和褪了色的门

吴冠中 水巷

窗，透露着淡淡的哀愁，是红颜暗老、繁华易逝的哀愁吧！

谁是郁特里罗的父亲？无人确知。他的母亲瓦拉东曾是马戏班里的杂技演员，后来当画家们的模特儿，终于自己成了具独特风格的出色女画家，屈指历数现代名家，也总是数得着她的。郁特里罗有些神经质，母亲引导他进入艺术生涯，他渐渐陶醉于风景画，同时也经常陶醉于酒，甚至因酒中毒。显然，郁特里罗的身世和生活情调孕育了他作品的哀愁之感。"若要俏，常戴三分孝。"白色在东方被用作孝服，妇女戴几分白色的孝，往往增添了素淡清幽之美。与东方相反，西方以黑色为丧事的象征，但郁特里罗风景画中的白却予人东方丧事情调的哀感之美。旧的白墙，日晒雨淋，痕迹斑斑，其间展现出一排排乌黑的或深暗色的门窗，那是哭丧着脸的巴黎，街头悄无人影。为了十二分虔诚地表现真正的白墙和真正旧了的白墙，郁特里罗用石灰或石膏等材料调制成白，再用调色刀刮上画面，更绘刷以水漏斑痕，那是残存的白墙的真实躯体，用手指触摸时，它是冷冰冰的！白墙，街头的白墙，庭院的白墙，白的雪……郁特里罗处处在寻找巴黎的白，在白的低调中谱其幽怨，人们以"白色时期"来概括他早期的风格。

真情实感的艺术毕竟具有较强的感染力，郁特里罗到中年时便盖声世界艺坛了，于是，愉快的心情渐渐渗入作者忧郁的气质，在白的基调上他点染起鲜艳的彩色，人们称他中年期的风格为"多彩时期"。我爱郁特里罗色彩的华丽，爱它的俗气，这俗气正是浓厚的世俗风味，巴黎市中的人间味。画中街头那些摇摆着大屁股的妇女们，大都只是背影，那是儿童所目击的形象，也止于儿童所能表达的形象。艳而不俗，这"俗"指的是庸俗之俗，非风俗之俗也！艳装的花旦，唱的却是程腔的哀音；悦耳的凤阳花鼓，倾吐着家乡的苦难。郁特里罗多彩的画面虽有异于早期的凄切，但所吟咏的巴黎依旧是沉浸在浅浅愁绪中的巴黎。迷人色调的构成依赖于黑、白、灰与鲜明色彩的交错，特别是白，始终在郁特里罗画面中起主导

瑞雪丰年图（局部）

作用，我早年看到他的作品时往往易想起杨柳青木版年画的《瑞雪丰年图》。

"梦见瘦的诗人将眼泪擦在花瓣上"。"眼泪"和"瘦"似乎很容易被联系起来，林黛玉大概也属瘦的类型。郁特里罗画面的哀愁之感除系于"白"之外，还缘于造型的"瘦"。他画的房屋街道大都被突出了修长的身段，门窗也都属长方形，疏疏密密，高低错落的无数瘦个儿的长方形扩散开去，其浓缩了的暗暗深深的色块是那样的夺目，这不是公墓中的墓碑之林吗？郁特里罗感觉的敏锐还时时流露在形式的"尖"之中，他的画面往往都有直刺苍穹的尖顶建筑物，他爱画教堂，欲引灵魂升天的哥特式教堂永远是画家弹奏哀歌的钢琴！

"远山取其势，近山取其质"，这是中国山水画家长期实践中所体会出来的金玉之言。郁特里罗的风景画中远景绝不用模糊朦胧的"虚"的手法，其组织结构依然很明确，其线与面的形式感也显得分外醒目。那么他依靠什么手法来表现画面和空间深度呢？主要依靠组织结构中的疏密感。风景写生中，远景一般较易处理，因为由于近大远小的透视作用，景物在

毕加索　骑马斗牛士之死　20世纪初

毕加索 支肘的小丑 1901年

郁特里罗　旧巴黎蒙马特区　1909年

郁特里罗 蒙马特和圣图斯帝克街 约1927年

远处重叠密集，显得层次多、形象丰富。但近景，按照客观透视的规律，它面积占得大，但总是空空洞洞的单调形象，这难以对付的近景往往决定一幅风景画成败的命运。我国传统山水画家不买"远小近大"透视法则的账，跨过了对景写生的局限性。郁特里罗跨不过去，但不谋而合地领悟了"近取其质"的秘奥。近在眼前的那一堵墙、一段地面、数个台阶……作者对此一往情深，他竭力表达其质感，泥沙碎石都有生命，它们疲惫了，老了，仿佛罗丹刻画的《娼妇》！

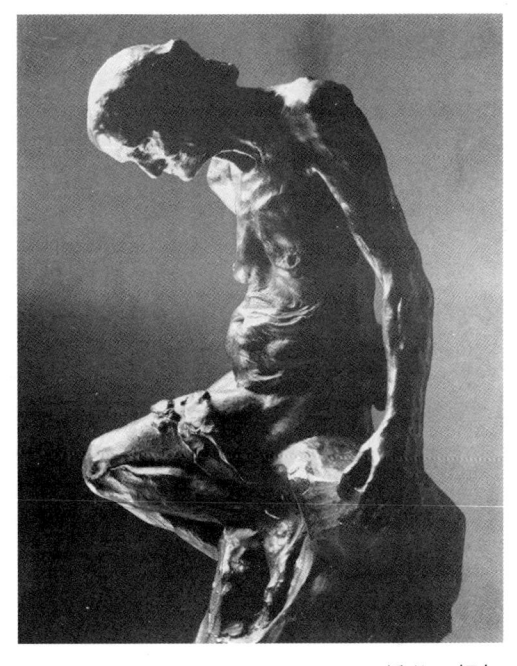

罗丹　娼妇

郁特里罗画的市街房屋的基本造型都是几何形，几何形的组合易流于呆板，但郁特里罗却以儿童涂鸦的心情来写生，其方、圆、曲、直之间贯穿着神经系统的联系，乍看那紧闭的门窗，又仿佛是睁着的大眼睛。他有时用浮雕般的极厚重的油彩堆砌成巴黎圣母院，用自由轻快的色线画杈杈权权的树枝，抒写寒林，追求"漫不经心"的笔墨情趣，这些手法都是富于东方特色的。孤立地分析郁特里罗树枝分布的局部组织，那经不起中国传统画法的推敲，会被认为其交错穿插是松散的，但从整幅画面效果看，其线与面的搭配，其疏密呼应都是鱼水一般融洽，"谨毛而失貌"，郁特里罗重貌而不谨毛！

"荣誉的囚犯"应是文艺作家警惕的，但获得了荣誉的作家还是易于沦为荣誉的囚犯的。当作品成为商品时,画商们往往左右了作者的风格面貌,郁特里罗晚期的作品便不得不重复自己的旧貌,在已经变得很舒适的生活条件中,有时借助于风景照片,一再弹无病呻吟的老调,画家失去了探索的自由!

载《世界美术》1982年第2期

伸与曲
——莫迪里阿尼的形式直觉

文艺园里，曾有过少数偶一显现的昙花。西方现代的短命画家莫迪里阿尼（1884—1920）的才华曾震动了世界美术界，早已载入史册。犹太血统的意大利人莫迪里阿尼只活了三十六年，又一直生活在体弱多病和贫困潦倒之中，他为人间留下异彩的绘画作品也大都是在生命的最后五六年内创作的，精品为数不多，却是千古绝唱。

批评家们为了烘托作者的深刻与作品的光辉，往往费许多笔墨来阐明但丁、尼采及波特莱尔等等对莫迪里阿尼的深远影响。当然莫迪里阿尼读过他们的作品，爱过他们，并同时受过其他古代和当代作家们的感染。但如此短促的生命中，到底什么因素是他艺术发酵的酒曲呢？我看主要是他对形式感的极度敏锐的直觉，而不是哲学和文学的思维方式。铁匠塞尚打了一辈子铁，莫迪里阿尼不及他的锻铁功力；毕加索在造型艺术领域里往返驰骋了近一个世纪，莫迪里阿尼不如他阅历丰富。但短命画家那锐利的观察力和对生命战栗的敏感反应却又不是功力和阅历所能替代的。

二十二年生活在意大利，十四年生活在巴黎，自从1906年到了巴黎后，莫迪里阿尼总在故国意大利的典雅传统与巴黎野兽派的狂放之间寻找自己，在形形色色的巴黎流派中他被认为是地地道道意大利的。他的一位诗人朋友说他是"在塞纳河里反映出来的佛罗伦萨的圆屋顶"。确实，在莫迪里阿尼的裸体画中，隐藏着波提切利的柔和节奏感与乔尔乔内

（1477—1510）色调的温暖感。有些卧妇的姿势，那长长的手臂一直伸展到两腿之间，向横里展开的波状韵律使人怀念提香的风貌。莫迪里阿尼在巴黎，生活于艺人们麇集的蒙马特尔及蒙帕纳斯，穷愁潦倒，渐渐酗酒，放浪形骸。他接触的都是生活的底层人物：穷苦的艺术家、失意的知识分子、看门人、无业游民、模特儿、妓女……在裸体画中，他淋漓尽致地表现了人体的美感与肉体的卑贱，美的骄傲和肉的苦难构成了他画面强烈的刺激性。当他唯一的一次个展于1917年在伯尔脱·威尔画廊开幕时，警察就来干涉，强迫撤下了他的多幅裸体画，使这次展出完全失败。公鸡的冠和孔雀的屏，被我们作为欣赏美的对象，也许在母鸡和雌孔雀的眼中只是性的诱惑吧！

有意种花，莫迪里阿尼一心想搞雕刻；无心插柳，他却在绘画上放了异彩。他不喜欢罗丹，他从不作泥塑，他只刻石。他认为雕刻不应是泥的积塑，而是打去石头的多余部分，他只用减法，反对加法。1909年至1914年之间，他几乎是全力从事雕刻工作，但石头的昂贵，工作条件的困难，及肺结核的病体，终于使他无法坚持石匠的艰巨劳动。大概不会是石头引起莫迪里阿尼的青睐，意大利艺术青年当是由于沉溺于对形的追求才热衷于雕刻。因之，在绘画中，作者对形的剪裁重于色的渲染，活灵活现的"形"排斥繁花似锦的装饰。米开朗基罗自认是以雕刻家的身份作画，这一观念被20世纪多病的意大利子孙继承了。

20世纪欧洲现代艺术的发展曾受到两个外来激素的促进。一是东方绘画，它艺术处理中大胆概括的手法迫使以真实描绘对象为能事的西方绘画彻底反省，其中马蒂斯（1869—1954）是最突出的例子。另一激素是非洲黑人雕刻，其强烈的原始直觉感对苍白无力的学院作风是当头一棒，当时受黑人雕刻影响最深最明显的代表大概就是毕加索和莫迪里阿尼了。赤日炎炎的非洲，人们多数是半裸的，通体乌黑的身段，被明亮的天空剪裁成完整的雕刻。当地生活中常见的现象：人们伸长着脖子，头顶什物，为了不让什物摔掉,于是走路时总保持着稳定的姿势——雕刻的形式。天天受到这种形象的启示,非洲雕刻家大胆凿出了其直觉的形式,并往往极度夸张了对这种形式的直觉。长的脖子、长的鼻子,刻下二个窟窿便是眼睛,全凭形体的凹、凸、曲、直来表达强烈的感受。作者将生活中的感受及人民在宗教信仰中想象的奇突形象,提高升华成了独特的艺术形式,甚至逐步形成了传统的程式,貌不惊人算什么艺术创造呢!这些造型的观念也多多少少体现到了莫迪里阿尼的雕刻与绘画中,他竭力忠实于最直觉性的感受,排斥一切学院式的胆怯的讨好与虚伪的修饰。他雕刻的女像似人柱,长而直的鼻梁坐落到长而直的颈柱上,从侧面看,鼻与面颊的轮廓线是向里凹的,显示了承受压力而不屈的弹性。

马蒂斯　站在壁炉前的裸女(1936年)

　　莫迪里阿尼画的半身人像多半采用金字塔式的构图,较多见的是硕大的臀部或不倒翁似的圆满满的上半身,倾斜着的长脖子,鹅蛋形的面庞。人们常谈及莫迪里阿尼与塞尚的相似处,从人物造型的概括性、手的姿势及构图的建筑性等方面看,其间是有某些感应的。一提起莫迪里阿尼,呈现到人们眼前的首先是长脖子和一双没有眸子的蓝眼睛,不少人也在自己

塞尚　斜倚的裸女(1886—1890年)

画面上模仿那双蓝眼睛，大概是那新颖别致的表现手法曾一度成为时髦的标志吧！古希腊人雕成了完美无疵的人体后，不凿眼珠，保持单纯统一的形式美感，因他们追求的美存在于身段比例及姿态动作等等的高度和谐之中，黑的眼珠和黑的头发只会破坏这种和谐，那是音乐中的噪音。这正如听不懂音乐——不是有人看了希腊雕刻认为是瞎子嘛！生活中有各式各样的审美对象——罗马雕刻《暴君尼禄像》的一双凶狠的眼睛被表现得恰如其分。莫迪里阿尼用单纯有韵律的线条及整体和谐的色块刻画出了人物的特征，不宜在素净完整的脸型上添"黑色污点"，他便巧妙地轻轻点染一双淡蓝色的眼睛，不画眸子。这样，保住了眼睛的橄榄式的整体外形，与鹅蛋形的或类似橄榄形的脸型相协调，其实，这是古希腊造型美规律的继承与发展。虽然没有画眸子，但在那橙黄暖调的人面上突出了眼睛的两小块蓝绿冷色，显得分外醒目，比画眸子更神秘，更能表达人物的精神特色。有时，在浅底色的人面上，莫迪里阿尼用两块深色表现眼睛，深色的眼之形与深色头发的形之间有着怎样的瓜葛呢？让有心人去探寻吧！莫迪里阿尼也画眸子，有时只画一只眸子，有时加意刻画两只睁得大大的眸子，有点儿像梵高画的活生生的眸子。莫迪里阿尼对年轻的苏丁（1894—1943）说："塞尚的人物像美丽的古代雕刻，没有目光。正相反，我的人物是有目光的，当我认为不应该画眸子的时候他们也是有目光的，他们在看，但塞尚在人物中只表现了对生命的默认。"从莫迪里阿尼十三岁时画的自画像看，他早已具备了坚强的写实能力，把握人物的性格特征是胸有成竹的。他在蒙帕纳斯咖啡店里给

暴君尼禄像

人们画像以换几个法郎，换一杯酒喝。战后经济不景气，小咖啡店里用纸代替桌布，莫迪里阿尼的一些素描肖像就是画在铺桌子的纸上的。

　　我探寻莫迪里阿尼的造型特点，感到他最基本的手法是运用线之"伸"与"曲"，凭直觉伸，凭直觉曲，他的韵律感就寄寓在伸与曲之间。脖子伸得长长的，脸型拖得长长的，身体拉得长长的。有一幅1917年作的仰天横卧着的大裸妇，竖起来看仿佛就是伸得高高的黑人木雕。伸与曲之间有矛盾，这一对矛盾的统一便组成了舒畅的节奏感。伸，尽情地伸，伸到伸不出处便转化为曲；曲着回来，伸与曲的往返循环中孕育了莫迪里阿尼高纯度的形式美。伸与曲是运动，也是水流，顺着水流畅通的渠道便自然而然地分割了面积，流速的快慢缓急决定流之线路，必然影响到面积分割，画出面积的"形相"，因此形成了人们所说的"夸张"与"变形"。为了伸与曲交流的通达，为了发挥它们之间最快的流速与最大的流量，莫迪里阿尼在裸体中总爱集中表现躯体，截去过于漫长的小腿以下部分，避免影响流速与流量，人们称这种截肢的手法为"torso"。莫迪里阿尼的作品不多，精品更少，有些作品夸张太过了，近乎漫画，不耐看。中国戏曲表现动作中讲究"曲"与"圆"，也是要求运动中的节奏感，是对形式美的推敲。伸与曲配合得紧凑或松懈，决定莫迪里阿尼作品耐看的程度。为了突出伸与曲的形式美，他设色偏于单纯，并竭力排斥背景的干扰，经常只赋予背景几条为主体伸与曲服役的直线。他画的人像有的一眼高一眼低，有淡扫蛾眉，也有樱桃小口，有时在弧线、曲线的腔调中会突然出现锐角的折线，这些原由请向舞蹈家和音乐家讨教吧！

　　米开朗基罗的绘画一味造型，不用色彩渲染气氛，画面具高浮雕感。不少东方装饰性绘画主要依靠线造型，也容易缺少气氛，接近单线平涂。莫迪里阿尼以雕刻家的眼光作画，主要采用线造型，然而他的画绝无浮雕感或单线平涂的效果。他紧紧掌握着色彩明度的微妙递变，在似乎并不经心的用笔之中表现了层次和深度。仿佛是信手涂抹，其实正符合了中国的笔墨神韵，所以他的画有形，且有韵。他的肖像充分表现了人物的性格特征，从中国的画评角度看，应归入神似。

画商士波洛乌斯基曾为宣扬莫迪里阿尼的艺术做了很大的努力，正当作品开始被注意，曙光即将来到的时候，莫迪里阿尼病死于巴黎，时为1920年1月24日。翌晨他的妻子珍妮跳楼自杀。

载《美术丛刊》1983年第22期

摩尔在北海

北海公园迎来了十二件亨利·摩尔（1898—1986）的巨制铜雕，分置于海之四周。作品大都表现半抽象性的女体，丰乳肥臀在扭曲、流转，竭力扩展，占领空间。"横看成岭侧成峰"远远不足以状其形体多变。用手去抚摸这些铜质躯体，才发现它没有一块完全静止平坦的面。面面相转化，都在缓缓流变。峰回路转处，又往往忽而锋棱陡起，跌入一个深渊或一个倾斜着的孔洞。是作品追随了高山流水的运动规律？是运动规律瞬间的浓缩与凝固？

雕塑是充分利用空间构成的艺术，观众从四面八方都能获得形象充沛的满足。摩尔往往将人体斩断成两段或三截，像是用了个休止符号，动作

亨利·摩尔　母与子

亨利·摩尔　国王与王后

的运行便更为高昂，且从不同的角度令人感到断而不断，用雕凿也能体现"意连笔断"的奥妙。摩尔也学阿庆嫂，开茶馆，摆开八仙桌，招待十六方。有三件表现母女的作品，一个女儿很具象，我个人感到与偏抽象的母体不够契合；另一个女儿像个机械零件，失去了女之女性；第三个坐立的母女像中之女恰到好处，也许只因接近我风筝不断线的观念。

人来人往，每件作品旁设有介绍的说明牌，游人看看说明，再看作品，或先看作品，再读说明，大都反映：不懂艺术，看不懂。不过倒没有人谩骂或挖苦。

与作品隔条道路的另一边，处处堆砌着太湖石，这些石头突兀扭曲，也通体布着大小窟窿，人们见惯不怪，也从不加以理会；但这些石头与面对面的摩尔之作倒似乎心心相印，夜阑人静，或曾悄悄私语呢。也有新潮的年轻人来抱着摩尔创造的"女娲"照相。我问守护作品的警卫：欣赏的观众多么？他说大都看看就走，很少像我这样触摸的。这当儿过来一群女同胞，她们走近雕刻，我正用心观察她们的言行，但失望了。她们原来是走向栏杆去拍照的，站在那儿以塔为背景，离开时其中有人回头指着雕刻问这是什么，一位同伴大概读过报刊宣传，回答这是摩尔的雕塑，雕的塑。是冬天，游人不多，我恰巧没遇上摩尔的知音、雕塑的知音、现代艺术的知音，但我坚信知音是有的，且人数不断增加。将雕刻展示在公园里实在是美举，我们为亨利·摩尔的艺术做了普及工作，为什么不能将霍去病墓前的硕大雕刻复制并迁居于首都的公园里呢？大概主要是缺钱。如果常常欣赏这些古代的和外国的杰作，耳濡目染下，不断提高审美水平，则目前全国各地大量丑陋的，却如雨后春笋般丛生的城市雕刻，将被视为过街老鼠了。

伴着柳丝飘摇，湖水粼粼，摩尔无色有韵的巨型雕塑与环境显得十分协调。如果没有雕塑，此处也可能会被人设计且挂起一串串红灯笼来吧。在加拿大多伦多一家市立博物馆的主展厅里，陈列的全部是摩尔的巨型雕刻杰作，我感到无比惊讶，赞不绝口。但据说当年购买摩尔作品的馆长被免了职，就因他买了如许摩尔的作品，其时人们对摩尔的作品尚存争议。在博物馆看摩尔的杰作固然兴奋，今天在北海公园看安置在大自然里的他的作品则别有一番风味。夏娃走出了伊甸园，居然闯进了我们的北海，她当在这中国的古典园林中陶醉了。

摩尔的铜雕在北海一直展到今年4月份，展出近半年，但基本都属冬季。这些裸女们冒着北国的寒风与霜雪，迎着一批批不熟悉的中国人，显得分外坚强可亲。她们是永远向人展示的，她们展示于伦敦、巴黎、纽约、东京……她们的身段体态与东方人、西方人，东方和西方的自然环境都能融为一体，因她们诞生于自然，继承了自然的基因。

明年春暖花开的时候，摩尔的裸女们将告别北海，北海反倒增添了空白与失落，这空白是留给我们自己的雕刻家创作高水平现代作品的空间。

2000年

我读《石涛画语录》①

好剑！好剑！佩剑之人不知使用，剑渐渐生锈了。国宝！国宝！国人不识，束之高阁。成为国宝，正因其价值是世界性的，不限于本国。《石涛画语录》篇章不多，却是货真价实的国宝，置之于历史长河，更是世界美术发展史上一颗冠顶明珠。

都说苦瓜和尚（即石涛）"画语录"深奥难读，我学生时代也试读过，啃不动，搁下了，只捡得已普遍流传的几句名言："搜尽奇峰打草稿""无法而法，乃为至法"等等。终生从事美术，不读懂《石涛画语录》，死不瞑目，于是下决心精读。通了，出乎意料，同20世纪40年代第一次读到梵高书信（法文版）时同样感到惊心动魄。石涛与梵高，他们的语录或书信是杰出作者的实践体验，不是教条理论，是理论之母。石涛这个17世纪的中国和尚感悟到绘画诞生于个人的感受，必须根据个人独特的感受创造相适应的画法，这法，他名之为"一画之法"，强调个性抒发，珍视自己的须眉，毫不牵强附会。他提出了后来的20世纪西方表现主义的宣言。我尊奉石涛为中国现代艺术之父，他的艺术创造比塞尚早两个世纪。我逐字逐句译述，竭力不曲解原著。加上解释及评议是为了更利于阐明石涛的观点，因之，根据具体行文情况，评议及解释或置于原文之前、后，或插入原文之中，主要为了方便读者阅读进程。原文虽属于文言文，有些语句

---

① 该文是《我读石涛画语录》一书（荣宝斋出版社1996年出版）的前言。

仍简明易晓，高中以上学生无须翻译，故宜保留原句处尽量保留原句。估计读者多半是美术院校的学生或业余美术爱好者吧，故我的释与评只求画龙点睛，不画蛇添足。

有关《石涛画语录》的版本和注释不少，本人对此并无研究，有待专家指导，今唯一目的是阐明画语录中画家石涛的创作意图和创作心态，尤其重视其吻合现代造型规律的观点。石涛的杰出成就必因其有着独特体会，但由于时代及古汉语本身的局限，他的内心体会有时表达得不够明白贴切，如"一画之法"单从字面上看，就太笼统含糊，如不吃透他的创作观，必将引起曲解、误解、误导。本书所选插页有限，故较着重选其更具现代形式美感的作品，同时选了几幅现代西方大师的作品与石涛的宏观思维作参照，以研究其间是否有通感。

这本小书如抛出一块小砖，祈望引来美玉，则亦属发扬祖国遗产的幸事了！

载《人民日报》1995年8月31日

附：《石涛画语录》评析

一画章第一（原文）

太古无法，太朴不散，太朴一散而法立矣。法于何立，立于一画。一画者，众有之本，万象之根；见用于神，藏用于人，而世人不知，所以一画之法，乃自我立。立一画之法者，盖以无法生有法，以有法贯众法也。夫画者，从于心者也。山川人物之秀错，鸟兽草木之性情，池榭楼台之矩度，未能深入其理，曲尽其态，终未得一画之洪规也。行远登高，悉起肤寸。此一画收尽鸿濛之外，即亿万万笔墨，未有不始于此而终于此，惟听人之握取之耳。人能以一画具体而微，意明笔透。腕不虚则画非是，画非是则腕不灵。动之以旋，润之以转，居之以旷。出如截，入如揭。能圆能方，能直能曲，能上能下。左右均齐，凸凹突兀，断截横斜，如水之就深，如火之炎上，自然而不容毫发强也。用无不神而法无不贯也。理无不入而态无不尽也。信手一挥，山川、人物、鸟兽、草木、池榭、楼台，取形用势，写生揣意，运情摹景，显露隐含，人不见其画之成，画不违其心之用。盖自太朴散而一画之法立矣。一画之法立而万物著矣。我故曰："吾道一以贯之。"

〔译·释·评〕

太古时代，混混沌沌，本无所谓法；混沌逐渐澄清，才出现法、方法、法式、法规。所谓混沌，其实是由于人类的认识处于浑浑噩噩的阶段，大自然或宇宙并未变（当然也在缓慢地变），人类的认识在进展而已。

"法于何立，立于一画"这是本章的关键，全部《石涛画语录》的精髓，透露了石涛艺术实践的独特体会，揭示了石涛艺术观的核心。许多注评都解释过这"一画"，真是仁者见仁，智者见智，或者越说越糊涂。我的理解，这法，这"一画之法"，实质是说：务必从自己的独特感受出发，创造能表达这种独特感受的画法，简言之，一画之法即表达自己感受的画法。石涛之前早已存在各类画法，而他大胆宣言："所以一画之法，乃自我立。"显然，他对大自然的感受不同于前人笔底的画图，因之他力求不择手段地创造表达自我感受的画法。故所谓"一画之法"，并非指某种具体画法，实质是谈对画法的观点。正因每次有不同的感受，每次便需不同的表现方法，表现方法便不应固定不变，而是千变万化，"盖以无法生有法，以有法贯众法也"，而"无法而法，乃为至法"更成为他的至理名言，放之古今中外艺坛而永放光彩。至于"一画者，众有之本，万象之根；见用于神，藏用于人，而世人不知"无非是说用绘画来表现对象，应物象形，能表现一切，但都须通过作者的感受来绘物象。感受是神秘的，具智慧及悟性者运用自如，而一般人往往说不清。"而世人不知"其涵义是感觉迟钝者不知，或有些人虽知其然而不知其所以然。"夫画者，从于心者也"，他作了明确的结论。

石涛的感受来自大自然，他长期生活于山川之间，观察山川人物之秀丽及参差错落之姿态，鸟兽草木之情趣，池榭楼台之比例尺度。并说如不能深入其中奥妙，巧妙准确地表现其艺术形态，则是由于尚未掌握贴切多样的绘画表现力。行远或登高，总从脚下开始，而绘画表现则包罗寰宇，无论用亿万万笔墨，总是始于此而终于此，根据情况取舍。

接着石涛谈及具体笔墨技巧，"人能以一画具体而微，意明笔透"表现方法落实到具体问题、局部问题，意图明确则落笔随之适应。要悬腕，否则画不随心意，画之不能随心意往往由于运腕不灵。运笔中有回旋，宛转而生滋润，停留处须从容而妥帖。出笔果断如斩钉截铁，收笔时肯定而明确。能圆能方，能直能曲，能上能下，左右均齐（指均衡），凸凹突兀（指起伏、跳动），断截横斜，如水之就深，如火之炎上，自然而不容毫发强也。这些技法及道理都易理解，但他强调不可有丝毫的勉强与造作。能这样，则达到运用之神妙，法也就贯穿其间，处处合乎情理而形态毕现了。艺高人胆大，信手一挥，山川、人物、鸟兽、草木、池榭、楼台，取形用势，写生揣意，运情摹景，显露隐含，人不见其画之成（读者不知其如何画成之奥妙），画不违其心之用（画完全体现了作者之用心）。

总之，太朴散，不再懵懂，人类智识发达，明悟了自己的感情与感觉而创造了自己的画法。能因情因景创造相适应的画法则任何物象都可表现了。这就是石涛的所谓"一画之法"，他借用了孔子"吾道一以贯之"之语强调了他一贯的艺术主张，在当时是独特的、划时代的艺术观，今天看来，无疑是中国现代艺术最早的明灯。

了法章第二（原文）

规矩者，方圆之极则也；天地者，规矩之运行也。世知有规矩，而不知夫乾旋坤转之义，此天地之缚人于法，人之役法于蒙，虽攘先天后天之法，终不得其理之所存。所以有是法不能了者，反为法障之也。古今法障不了，由一画之理不明。一画明，则障不在目而画可从心。画从心而障自远矣。夫画者，形天地万物者也。舍笔墨其何以形之哉！墨受于天，浓淡枯润随之；笔操于人，勾皴烘染随之。古之人未尝不以法为也。无法则于世无限焉。是一画者，非无限而限之也，非有法而限之也，法无障，障无法。法自画生，障自画退。法障不参。而乾旋坤转之义得矣，画道彰矣，一画了矣。

〔译·释·评〕

从整篇内容看，"了法"是对"法"的分析、归纳、理解与总结。

不以规矩，不成方圆。天地运行也有其规矩与法则。人们发现了客观世界的规矩与法则之后，便十分重视规矩与法则，反而忽视了乾旋坤转之义。法规是从现实中抽象出来的，结果人们却被法规束缚、蒙蔽，尽管掠取了各式各类的法，偏偏忘却了其原理之由来。所谓"先天后天之法"，先天之法当指被发现了的大自然之法，接着又人为地创造出一些法来，当系后天之法了。

因之，有了法而不能理解法之源流，这法便反成了障碍。古今的方法之总易成为障碍，由于不明白真正的画法是根据各人每次感受不同而创造出来的，这亦就是"一画之理不明"。明悟了画法诞生于创造性，程式的障碍自然就不在话下，画也就能表达自己的心声。画能从表达内心出发则

莫迪里阿尼　躺着的裸妇　1917-1918年

莫迪里阿尼　扎辫子的女孩　约1918年

莫迪里阿尼　女孩

莫迪里阿尼　雅克·利普奇兹和他的妻子

程式的障碍也必然就消失了。

　　画，表现了天地万物之形象。没有笔墨作媒体便无从成形。石涛说墨受于天，而笔操于人。其实墨与笔都是由人掌握控制的。墨色成块面，并含大量水分，落纸所起浓淡变化往往形成出人意料的抽象效果。"受于天"的潜台词是"偶然的抽象性"，对照石涛画面，大都具湿漉漉的淋漓效果，他充分利用了宣纸与水的微妙渗透，这是油彩与画布无法达到的神韵。石涛并未抹煞前人也已运用笔墨之技巧，并认可"无法"也就失去了任何界定："古之人未尝不以法为也。无法则于世无限焉。"他之倡导"一画"之说，就是要在无限中有一定之限，而又不限于既有之法，法不受障碍，囿于障碍便失去了法。作品产生了自身的法，程式障碍便从作品上消失。法与障碍不可混淆掺杂。乾坤旋转之义昭彰了，绘画之真谛明确了，"一画"之说也就是为了阐明这个目标。

　　这一章所谈虽偏重于法，但石涛仍牢牢把握着绘画的内涵，文中两次强调乾坤旋转之义，实质是说不要因法而忽略了意境这一艺术的核心。

变化章第三（原文）

　　古者识之具也。化者识其具而弗为也。具古以化，未见夫人也。尝憾其泥古不化者，是识拘之也。识拘于似则不广，故君子惟借古以开今也。又曰："至人无法"，非无法也，无法而法，乃为至法。凡事有经必有权，有法必有化。一知其经，即变其权；一知其法，即功于化。夫画：天下变通之大法也，山川形势之精英也，古今造物之陶冶也，阴阳气度之流行也，借笔墨以写天地万物而陶泳乎我也。今人不明乎此，动则曰："某家皴点，可以立脚。非似某家山水，不能传久。某家清淡，可以立品。非似某家工巧，只足娱人。"是我为某家役，非某家为我用也。纵逼似某家，亦食某家残羹耳。于我何有哉！或有谓余曰："某家博我也，某家约我也。我将于何门户？于何阶级？于何比拟？于何效验？于何点染？于何鞹皴？于何形势？能使我即古而古即我？"如是者知有古而不知有我者也。我之为我，自有我在。古之须眉，不能生在我之面目；古之肺腑，不能安入我之腹肠。我自发我之肺腑，揭我之须眉。纵有时触着某家，是某家就我也，非我故为某家也。天然授之也。我于古何师而不化之有？

〔译·释·评〕

古，包容了知识的积累，也是后人治学的工具。能融会贯通者则不肯局限于原有的积累知识，而必须演化发展。然而，囿于古而能化者，还不见这样的人呵！遗憾，泥古不化者，反受了知识之束缚。只局限于似古人则知识当然就不广，故有识之士只借古以开今。所以说："至人无法"，并非无法也，无法而法，乃为至法。这就是要害。石涛一再阐明杰出者总根据不同的对象内容创造与之适应的新法，这样的法才是真正的法。凡事有经常性便必有其权宜性，有约定俗成之法便必有法之变化。了解了经常性，便须应之以权宜之变；懂得了法，便须着力于变法。

绘画，是包罗万象多变之大法，表现山川形势之精华，古今造物之陶冶，阴阳气度之流行，借笔墨写天地万物而作自我性情之陶泳。今人不明乎此，总说："某家皴点，可以立脚。非似某家山水，不能传久。某家清淡，可以立品。非似某家工巧，只足娱人。"这一派愚昧之胡言，居然成为当时画坛的权威论点，石涛这个出家人，敢于这样发表反对观点，确乎出于对真理的维护，似未考虑被围攻的后果。他进一步说："这是我为某家当奴才，而不是某家为我所用。即便酷似某家，亦只是吃人家的残羹剩饭，我自己有什么呢！"或有人对我说："某家可使我博大，某家可使我概括简约，我依傍谁家的门户呢？我排列在哪个等级？与哪家相比？效法哪家？仿哪家的点染？仿哪家的勾勒皴擦？仿哪家的格局章法？如何能使我即古人而古人即我！"这都是只知有古而不知有我。

我之为我，自有我自己的存在。古人的须眉，不能长到我的面目上，古人的肺腑，不能进入我肠腹。我只从自己的肺腑抒发，显示自己的须眉。即便有时触碰上某家，只是某家吻合了我，并不是我迁就了某家。是同一自然对作者启发了相似的灵感，绝非由于我师古人而不化的结果。

这一章引出两个主要问题：一是美术教学应从写生入手还是临摹入手。从临摹入手多半坠入泥古不化的歧途。必须从写生入手才能一开始便培养学生对自然独立观察的能力，由此引发出丰富多样的表现方法。无可讳言，中国绘画正因对自然的写实能力先天不足，画面流于空洞、虚弱，故其成就与悠久的历史相比毕竟是不相称的。

另一问题是对"某家就我，非我就某家"的分析。也曾有人说我的某些作品像美国现代画家波洛克（1912—1956），而我以前没有见过他的画，20世纪四五十年代之际在巴黎不知波洛克其人其画，我根本不可能受他的影响，是"他就我，非我就他"了。当然，他也并非就我。面对大自然，人有智慧，无论古代现代、西方东方，都会获得相似的启迪，大写意与印象派、东方书法与西方构成、狂草与抽象画……我曾经选潘天寿与勃拉克（1882—1963）的各一幅作品做过比较，发现他们画面中对平面分割的偶合。若能从这方面深入探讨，将大大促进中西美术的比较研究。

尊受章第四（原文）

受与识，先受而后识也。识然后受，非受也。古今至明之士，借其识而发其所受，知其受而发其所识。不过一事之能，其小受小识也。未能识一画之权，扩而大之也。夫一画含万物于中。画受墨，墨受笔，笔受腕，腕受心。如天之造生，地之造成，此其所以受也。然贵乎人能尊，得其受而不尊，自弃也；得其画而不化，自缚也。夫受：画者必尊而守之，强而用之，无间于外，无息于内。"易"曰："天行健，君子以自强不息。"此乃所以尊受之也。

〔译·释·评〕

本章突出尊重自己的感受。

感受与认识的关系，感受在先而认识在后。先有了"认识"再去感受，就非纯粹的感受了。这可说是开了意大利美学家克罗齐（1866—1952）直觉说的先河。只有具有深刻实践经验的石涛才能说出这样的独特的见解，真是一语惊人，点明了艺术创作中的秘奥。毋须用感性与理性认识的辩证关系来硬套石涛的观点，实践才是检验真理的唯一标准。有一位颇具传统功力的水墨画家到西双版纳写生，他大失所望，认为西双版纳完全不入画。确乎，几乎全部由层次清晰的线构成的亚热带植物世界，进入不了他早已认识、认可的水墨天地，他丧失了感受的本能。感受中包含着极重要的因素：直觉与错觉。直觉与错觉往往是艺术创作中的酒曲，石涛没有谈直觉与错觉问题，他倒说："古今至明之士，借其识而发其所受，知其受而发其所识。"他认为只有至明之士才能利用理性认识来启发感性感受，并从感性感受再归于理性认识。他所指至明之士实质上应是指具有灵性的艺术家，因并非人人具有灵性，具灵性的往往只是少数人。

他谈到，这还是仅在一件具体事物上的感受与认识，只是小受小识，尚未能在整个创作生涯中，扩大依靠感受来创立画法的观念。万物均被包罗在这种画法观念中，画受墨，墨受笔，笔受腕，腕受心。灵感或美感似乎从天而降，落地则著根而成艺术，这就是感受了。必须珍惜这种感受，如虽有感受而不珍惜，自暴自弃了。如获得画意画法而不能灵活变化应用，无异自己缚住了自己。对于感受，作者务必珍惜而保住，必须运用它，而且非运用不可，既不忽略外部世界，内心更不断探索。《易经》说：

天行健，君子以自强不息。这也可说要永远不断加强、尊视自己的感受。

笔墨章第五（原文）

古人有有笔有墨者，亦有有笔无墨者，亦有有墨无笔者；非山川之限于一偏，而人之赋受不齐也。墨之溅笔也以灵，笔之运墨也以神。墨非蒙养不灵，笔非生活不神。能受蒙养之灵而不解生活之神，是有墨无笔也。能受生活之神而不变蒙养之灵，是有笔无墨也。山川万物之具体，有反有正，有偏有侧，有聚有散，有近有远，有内有外，有虚有实，有断有连，有层次，有剥落，有丰致，有飘缈，此生活之大端也。故山川万物之荐灵于人，因人操此蒙养生活之权。苟非其然，焉能使笔墨之下，有胎有骨，有开有合，有体有用，有形有势，有拱有立，有蹲跳，有潜伏，有冲霄，有崱屴，有磅礴，有嵯峨，有巑岏，有奇峭，有险峻，一一尽其灵而足其神？

[译·释·评]

本章专谈笔墨。石涛在分析笔墨之运用中有将笔与墨分割开来的倾向。他所指的笔偏于用线造型，着眼于表现客观形象，而墨的挥洒则偏于渲染气氛，加强感人效果，甚至具抽象性。

他谈到古人有有笔有墨者，有有笔无墨者，亦有有墨无笔者等等情况，这并非由于山川对象有这些局限，而缘于作者自身的禀赋及感受之差异（赋受不齐也）。"墨之溅笔也以灵，笔之运墨也以神。墨非蒙养不灵，笔非生活不神"。这"蒙养"何所指，参阅石涛自己的题画解释："写画一道，须知有蒙养。蒙者因太古无法，养者因太朴不散。不散，所养者；无法，而蒙也。未曾受墨，先思其蒙；既而操笔，复审其养。思其蒙而审其养，自能开蒙而全古，自能尽变而无法，自归于蒙养之道矣。"看来蒙养是指在混沌无法中创自家之法，仍是一画之说的同一概念（但石涛在别处也用蒙养一词，则似另有含义）。这"生活"应是指复杂多样的万象形态。石涛并不用指画或别的什么替代笔的工具，则其墨也都是通过笔再落到画面，所谓墨之溅笔其实是笔之溅墨，不过这类用笔纵横涂抹，更浸染于画趣而较远离于书法骨架，也似乎更凭借于一时灵感及偶然效果，当然其中蕴藏着长期的修养。我想这便是"墨之溅笔也以灵"及"墨非蒙养不灵"的实践经验。至于"笔非生活不神"则是指表现形象靠用笔，形象的丰富性也取决于用笔的多样性。他进而重复阐明"能受蒙养之灵而不解生活之神，是有墨无笔也。能受生活之神而不变蒙养之灵，是有笔无墨也"。我感到这样区分笔墨效果是偏于生硬了，其实石涛自己的作品浑然一体也不宜将笔墨之优劣拆开来评比。然而，他这章的论点是指用笔构造形象，用墨渲染气氛。

"山川万物之具体，有反有正，有偏有侧，有聚有散，有近有远，有内有外，有虚有实，有断有连，有层次，有剥落，有丰致，有飘缈，此生活之大端也。"这段谈宇宙万象之杂，易理解。宇宙万象予人灵感，作者凭颖悟及体验将之表现于画面，否则笔墨之下怎能"有胎有骨，有开有合，有体有用，有形有势，有拱有立，有蹲跳，有潜伏，有冲霄，有崱屴（音侧力，山峰高耸貌），有磅礴，有嵯峨，有巑岏（音攒环，尖峰），有奇峭，有险峻"，——灵、神俱备。

运腕章第六（原文）

或曰："绘谱画训，章章发明；用笔用墨，处处精细。自古以来，从未有山海之形势，驾诸空言，托之同好。想大涤子性分太高。世外立法，不屑从浅近处下手耶?"异哉斯言也!受之于远,得之最近;识之于近,役之于远。一画者,字画下手之浅近功夫也;变画者,用笔用墨之浅近法度也;山海者,一丘一壑之浅近张本也;形势者,鞟皴之浅近纲领也。苟徒知方隅之识,则有方隅之张本。譬如方隅中有山焉,有峰焉,斯人也,得之一山,始终图之;得之一峰,始终不变。是山也,是峰也,转使脱瓴雕凿于斯人之手,可乎不可乎?且也形势不变,徒知鞟皴之皮毛;画法不变,徒知形势之拘泥;蒙养不齐,徒知山川之结列;山林不备,徒知张本之空虚。欲化此四者,必先从运腕入手也。腕若虚灵则画能折变,笔如截揭则形不痴蒙。腕受实则沉著透彻,腕受虚则飞舞悠扬,腕受正则中直藏锋,腕受仄则欹斜尽致,腕受疾则操纵得势,腕受迟则拱揖有情,腕受化则浑合自然,腕受变则陆离谲怪,腕受奇则神工鬼斧,腕受神则川岳荐灵。

〔译·释·评〕

有人说,画谱画法之类,各篇章都阐明道理,对用笔用墨都讲得详详细细。从来没有将山海之形势空谈一番而让爱好者自己去捉摸。想必大涤子天分太高,世外之法,不屑从浅近处着手吧!从这番话看,石涛写"画语录"不仅是创作心得,同时有针对性,当时极大的保守势力显然在攻击他,他于此反击,这"画语录"是写给他的追随者们看的吧,或可说是教学讲义。

石涛批驳那些怪论:"异哉斯言也!"于是讲解自己的观点:凡远处、大处启发我们的感受,均可在近处、身边获得认知和验证。从就近获得的认知,却可运用及于远大。根据自己对对象的感受而画,这即我之所谓一画者,其实就是字画下手的最基本功夫(书法也当是有了感受才能动笔,石涛视书画为一体应是从感受、感觉与情思为出发点)。画法要变,也是用笔用墨的基本法度。"山海者,一丘一壑之浅近张本也;形势者,鞟

（轮廓）皴之浅近纲领也"其含义应是指山海中包含着一丘一壑的基本构成，而一丘一壑当可引申扩展为山海。勾勒皴擦可展拓出磅礴气势，磅礴气势实由基本的勾勒皴擦所构建。最近李政道博士论及科学与艺术的比较，他说最新物理学说中认为最复杂的现象可分析为最简单的构成因素，最简单的构成因素可扩展为最复杂的现象。他希望我作幅透露这一观点倾向的作品，我看石涛的这几句语录倒恰恰吻合了这观念。他在《絪缊章第七》中谈到从一可以发展成万，从万可以归纳为一，又重复了简单与复杂的辩证原理。

若认识只局限于一隅，便只有一隅作范本。比方这一隅中有山，有峰，此人便总是画这山、这峰，始终不变。这山、这峰，反被此人于手中翻复捏弄，这行吗？形势固定不变，又只知勾勒皴擦之皮毛；画法老一套，拘泥于形势之程式；表现无新意，仅将山川罗列；山林无实感，只凭空洞之范本。石涛指出了这些时弊之要害，但他却即兴做出了过于简单的结语："欲化此四者，必先从运腕入手也。"即使运腕巧妙，绝不能解决以上创作中的根本问题。当然不可忽视运腕这一基本技能，石涛在本章中就是着力谈运腕的经验。运腕虚灵则画面有转折变化，用笔如截如揭一般明确肯定，则形象就不滞呆或含糊。运腕着实则画面就沉着而透彻，运腕空灵则有飞舞悠扬的效果，腕正以表达藏锋的正直端庄，侧锋则宜于显示倾斜多姿，运腕迅速须操纵得势，运腕慢须如拱揖有情，运腕至化境则浑合自然，运腕多变则陆离谲怪，运腕出奇真是神工鬼斧，运腕如神则山岳呈现灵气。

也是李政道说的：筷子是手指的延长。所以运用筷子的技巧是与手腕的灵活相关的。这也说明了用笔与运腕之间的紧密关系。画家对自己手中笔端的含墨量及含水量似乎像永远用手指触摸到一样敏感，有把握。石涛分析了运腕的各个方面，都出于敏锐深入的自我感受。

絪缊章第七（原文）

笔与墨会，是为絪缊。絪缊不分，是为混沌，辟混沌者，舍一画而谁耶？画于山则灵之，画于水则动之，画于林则生之，画于人则逸之。得笔墨之会，解絪缊之分，作辟浑沌手，传诸古今，自成一家，是皆智得之也。不可雕凿，不可板腐，不可沉泥，不可牵连，不可脱节，不可无理。在于墨海中立定精神。笔锋下决出生活，尺幅上换去毛骨，混沌里放出光明。纵使笔不笔，墨不墨，画不画，自有我在。盖以运夫墨，非墨运也；操夫笔，非笔操也；脱夫胎，非胎脱也。自一以分万，自万以治一。化一而成絪缊，天下之能事毕矣。

〔译·释·评〕

中国画主要靠笔墨显示形象，笔与墨在画面上相互配合、冲撞、纠葛，产生多种多样的效果，石涛将这笔与墨相抱或相斥的关系称之谓絪缊。笔墨之间不协调，即絪缊不分明，是为混沌，也就是胡乱涂画，失去了绘画的主旨；只有根据真实感受来作画，才能扭转这种混乱状态。

画山具灵气，画水有动感，画林充满生意，画人物则飘逸。笔墨能默契，其间絪缊关系协和，有条不紊，作品才能传于古今，自成一家，全凭智慧。不可雕凿做作，不可呆板迂腐，不可落入拘泥，不可牵连纠缠，不可脱节，不可无理。"在于墨海中立定精神，笔锋下决出生活，尺幅上换去毛骨，混沌里放出光明。"墨海中立定精神强调墨色中须有构架，这点特别重要，系造型关键，否则即便墨色具华彩亦散漫无力。笔锋下决出生活则是石涛一贯重视形象之多变并赋予意境的主张。"尺幅上换去毛骨"谅来指扬弃非本质的因素，而"混沌里放出光明"是指出即便画面有时可能画得密密麻麻或漆黑团团，但其间须保留着极珍贵的底色的空白与间隙，使之永远透气透亮。这里所谓混沌实质是指浑厚、苍茫，不是含混糊涂的贬义了。混沌里放出光明是极高的境界，是高难度的表现手法，乱而不乱，是通往妙境的险途。

纵使有人批评笔不笔，墨不墨，画不画，毫不足介意，正因有我自己的独立存在。用墨，并非为墨所用；操笔，并非为笔所操纵；艺术脱胎于自然，脱胎于别人的定型之胎。从一可以发展成万，从万可以归纳为一，这是简单与复杂的辩证原理。笔墨关系如也能统入这辩证原理中，各种困难问题也就解决了。

山川章第八（原文）

得乾坤之理者山川之质也。得笔墨之法者山川之饰也。知其饰而非理，其理危矣。知其质而非法，其法微矣。是故古人知其微危，必获于一，一有不明则万物障，一无不明则万物齐。画之理，笔之法，不过天地之质与饰也。山川，天地之形势也。风雨晦明，山川之气象也。疏密深远，山川之约径也。纵横吞吐，山川之节奏也。阴阳浓淡，山川之凝神也。水云聚散，山川之联属也。蹲跳向背，山川之行藏也。高明者，天之权也。博厚者，地之衡也。风云者，天之束缚山川也。水石者，地之激跃山川也。非天地之权衡，不能变化山川之不测；虽风云之束缚，不能等九区之山川于同模；虽水石之激跃，不能别山川之形势于笔端。且山水之大，广土千里，结云万里，罗峰列嶂，以一管窥之，即飞仙恐不能周旋也。以一画测之，即可参天地之化育也。测山川之形势，度地土之广远，审峰嶂之疏密，识云烟之蒙昧。正踞千里，邪睨万重，统归于天之权、地之衡也。天有是权，能变山川之精灵；地有是衡，能运山川之气脉；我有是一画，能贯山川之形神。此予五十年前，未脱胎于山川也；亦非糟粕其山川而使山川自私也。山川使予代山川而言也，山川脱胎于予也，予脱胎于山川也。搜尽奇峰打草稿也。山川与予神遇而迹化也，所以终归之于大涤也。

〔译·释·评〕

从宇宙乾坤的规律中理解山川之本质。学得笔墨运用之法以画出山川之外观状貌。只知画状貌而不理解本质，难于表达本质；理解了本质但画法不贴切，这法就没有什么价值。古人懂得不理解本质及画法不贴切的危害，力求两方面的统一。有一方面不明确便一切都成为障碍，双方都明确便全齐备了。画理、笔法，不过为了表达天地之质与形。

山川，天地之形势也。风雨晦明，山川之气象也。疏密深远，山川曲直多变（约径：一说指简要的形势，或说指曲直）。纵横吞吐，山川之节奏也。阴阳浓淡，山川之凝神也。水云聚散，山川之联属也（联系、沟通全局）。蹲跳向背，山川之行藏也（或藏或露，易形成蹲、跳、向、背之动态）。

高明者，天之权也（含权威之意向）；博厚者，地之衡也（含尺度、分量之意向）。概括起来：天高地厚。而风云，束缚着山川（连结山川，使山川有连有断，多变化）。水石，激跃于山川之间。若非天高地厚，包容不了山川之变化莫测。虽有风云来束缚，不可天南地北到处运用同类模式（九区，指九州）。虽有水石之激跃，增添画面生动活泼，但不可使笔底山川反而走样失去真形势。"不能别山川之形势于笔端"这个"别"字，我理解为不能走了山川形势之本色，指勿因求局部变化，反影响了造型整体。刘安说："谨毛而失貌。"所谓"尽精微而致广大"则往往产生误导，因尽精微未必能致广大，多半情况反而不能致广大，必须在致广大的前提下求精微才合乎逻辑与实践；而且有些特定的广大效果无须精微，排斥精微。

"且山水之大,广土千里,结云万里,罗峰列嶂,以一管窥之,即飞仙恐不能周旋也。以一画测之,即可参天地之化育也。"从一管中窥之,或从任何一局限角度来观察,均无从照应到广阔山川的方方面面。但以一画测之,即凭感受来认知、表达山川,则可把握住天地之辽阔、造化之无穷。

目测山川之形势,估量土地之广远,观察峰嶂之疏密,辨认云烟之蒙昧。山川正踞千里,侧视则万重层叠,统归于天高地厚。天之威权,能令山川精灵多变;地之博大,能令山川运行成脉。我用一画凭感受而绘之,却能掌握贯穿山川之形神。我五十年前尚未能从山川里脱胎出来,倒亦并非将山川看成全是糟粕而将其优势私下淹没掉。山川要我代她说话了,山川从我脱胎,我又脱胎于山川。搜尽奇峰打草稿,山川与予神遇而迹化也,所以终归之于大涤也。

石涛将作者、作品与自然的关系已说得明明白白。"搜尽奇峰打草稿"成为创作源泉的至理名言,永被赞颂。而"终归之于大涤也"更加强调了艺术之所以为艺术的本质,这个17世纪的中国和尚预告了西方表现主义之终将诞生。

皴法章第九(原文)

笔之于皴也,开生面也。山之为形万状,则其开面非一端。世人知其皴,失却生面。纵使皴也于山乎何有?或石或土,徒写其石与土,此方隅之皴也,非山川自具之皴也。如山川自具之皴则有峰名各异,体奇面生,具状不等,故皴法自别。有卷云皴、劈斧皴、披麻皴、解索皴、鬼面皴、骷髅皴、乱柴皴、芝麻皴、金碧皴、玉屑皴、弹窝皴、矾头皴、没骨皴,皆是皴也。必因峰之体异,峰之面生,峰与皴合,皴自峰生。峰不能变皴之体用，皴却能资峰之形势。不得其峰何以变，不得其皴何以现？峰之变与不变，在于皴之现与不现。皴有是名，峰亦有是形。如天柱峰、明星峰、莲花峰、仙人峰、五老峰、七贤峰、云台峰、天马峰、狮子峰、峨眉峰、琅琊峰、金轮峰、香炉峰、小华峰、匹练峰、回雁峰。是峰也居其形，是皴也开其面。然于运墨操笔之时，又何待有峰皴之见，一画落纸，众画随之，一理才具，众理附之。审一画之来去，达众理之范围。山川之形势得定，古今之皴法不殊。山川之形势在画，画之蒙养在墨，墨之生活在操，操之作用在持。善操运者，内实而外空，因受一画之理而应诸万方，所以毫无悖谬。亦有内空而外实者，因法之化，不假思索，外形已具而内不载也。是故古之人，虚实中度，内外合操，画法变备，无疵无病。得蒙养之灵，运用之神。正则正，仄则仄，偏侧则偏侧。若夫面墙尘蔽而物障，有不生憎于造化者乎？

〔译·释·评〕

冬天，农村儿童冻得脸上起萝卜丝似的皱纹，被称为皴。山水画中以各式各样的皴法表现山石之实体感，是由于水墨不宜于作大面积渲染，便用线的交错组合来构成"面"的效果。皴，也可说属于画面的肌理。

用笔作皴，为表现新颖面貌。山之形千态万状，绝非一种面貌。世人知道皴法，却忽略生动面貌，则即便使用了皴法，与山本身又有什么相干？或石或土，徒写其石与土，这只是局限于一隅的皴而已，并非山川自身独具的皴之效应。山川自身独具的皴则有各种不同的峰，体态多奇，面目新颖，状貌各别，因之皴法也就各不相同了。有卷云皴、劈斧皴、披麻皴、解索皴、鬼面皴、骷髅皴、乱柴皴、芝麻皴、金碧皴（用于青绿山水中）、玉屑皴、弹窝皴、矾头皴、没骨皴，皆是皴也。石涛列举那么多的皴，其实是包含着讽刺意味的，因皴法本是绘画表现中偶然形成的手法，作者根据不同的对象永远须创造不同的手法，绝不应将手法程式化，今将之规范成若干类别并命名，完全违反了艺术创作规律，皴法名目越多，越是可笑。不仅可笑，更贻误了后学。"妙悟者不在多言，初学者还从规矩。"我倒并不反对要研究前人的程式，自己也大量临摹过那些皴法，但愿年轻的妙悟者们不落入古人的窠臼。

石涛接着谈皴与峰的关系，批评艺术中本末颠倒的谬误。"必因峰之体异……"皴是由于峰的不同形体、峰的新颖面貌而产生，皴必须与峰吻合，皴诞生于峰。"峰不能变皴之体用，皴却能资峰之形势"，峰不能变皴之体用，这是一句反语，实质是指皴法置峰之实体于不顾，或只取用了峰的形势。没有峰就无从变，没有贴切的皴，又如何能表现此峰。峰之变与不变（指画面上的峰），体现在皴法的现（显）与不现的表现力中。皴的名称应是根据峰的形象特色而来，两相一致。如天柱峰、明星峰、莲花峰、仙人峰、五老峰、七贤峰、云台峰、天马峰、狮子峰、蛾眉峰、琅琊峰、金轮峰、香炉峰、小华峰、匹练峰、回雁峰。是峰便必具其形，皴用以表现其面目。但在运墨操笔进入创作激情之时，就不许可停顿于何峰何皴的彷徨中。一笔落纸，笔笔跟随不可止；一理（基本道理）得到启示，众理附之，一通百通了。贴切运用好表现方法（审一画之来去），便进入合情合理的范畴了（达众理之范围）。只要能将山川的形势表现出来，古今的皴法都没有什么特殊。

山川之形势在画，画的颖悟在用墨，用墨的效果依凭于操运，操运中须能控制（操之作用在持）。善于操运者，胸中踏实而笔下空灵，因表现感受的画法适应于任何方面，所以毫无悖谬。接着石涛透露了特殊意义的实践经验："亦有内空而外实者，因法之化，不假思索，外形已具而内不载也。"由于作画过程中笔墨变化迅速多样，来不及思索控制而纸上已成形，比方画虎不成反类犬，形式先行，形式决定了内容。这情况，石涛称之谓外形已具而内不载也，将之归入内空而外实的现象。归纳起来，石涛赞成虚实合适（中度），形式与内容统一（内外合操），画法多变，没有缺陷与毛病。灵活创造画法，须得神妙。正就表现其正，仄就表现其仄，偏侧就表现其偏侧。如果近视又遭蒙蔽，能不反而对造化生憎厌之情吗？（若夫面墙尘蔽而物障，有不生憎于造化者乎？——面墙："正墙面而立"，出于《论语·阳货》，意指太近墙面，视线局限便一无所见）

境界章第十（原文）

分疆三叠两段，似乎山水之失，然有不失之者，如自然分疆者，"到江吴地尽，隔岸越山多"是也。每每写山水，如开辟分破，毫无生活，见之即知。分疆三叠者：一层地，二层树，三层山，望之何分远近？写此三叠奚宫印刻？两段者：景在下，山在上，俗以云在中，分明隔做两段。为此三者，先要贯通一气，不可拘泥。分疆三叠两段，偏要突手作用，才见笔力，即入千峰万壑，俱无俗迹。为此三者入神，则于细碎有失，亦不碍矣。

〔译·释·评〕

这章重点谈构图处理。程式化的山水构图可归纳为四个字：起（用石或树从画幅下边开始向上方发展）、承（用树或山继承接力，再往上伸展）、转（树或山改变动向）、合（与高处远山抱合成一体）。

石涛在本章第二段中解释"分疆三叠"是指一层地，两层树，三层山。没有远近感，这样的三叠无异于印刻。所谓"两段"，是指景在下，山在上，中间一般用云隔开，明显地分成两段。所以他开头便说："分疆三叠两段"似乎是山水画的失败。但又不可一概而论，也有不失败的情况，如由于大自然的自然形成，像"到江吴地尽，隔岸越山多"。这是唐朝僧处默的诗句，写出了一江两岸的情景。一江两岸的构图在倪云林笔底经常出现，抒写了亲切近人的江南景色。石涛反对无生活的教条主义画风："每每写山水，如开辟分破（构图中的起、承、转、合之类），毫无生活，见之即知。"

因之，地、树、山，三者先要贯通一气，不可拘泥于三叠两段这陈规，偏要敢于突破，才见笔力。即便表现千峰万壑，俱无俗迹。这三方面能入神，则若细碎局部有缺点，也不碍大局了。

看石涛的画，每幅均重点突出主要形体，可说表现了山水或林木的肖像，具性格特征的肖像，绝无三叠两段的乏味老套。

蹊径章第十一（原文）

写画有蹊径六则：对景不对山、对山不对景、倒景、借景、截断、险峻。此六则者，须辨明之。对景不对山者，山之古貌如冬，景界如春，此对景不对山也。树木古朴如冬，其山如春，此对山不对景也。如树木正，山石倒；山石正，树木倒，皆倒景也。如空山杳冥，无物生态，借以疏柳嫩竹，桥梁草阁，此借景也。截断者，无尘俗之境，山水树木，剪头去尾，笔笔处处，皆以截断，而截断之法，非至松之笔莫能入也。险峻者，人迹不能到，无路可入也。如岛山、渤海、蓬莱、方壶，非仙人莫居，非世人可测，此山海之险峻也。若以画图险峻，只在峭峰悬崖栈道崎岖之险耳。须见笔力是妙。

〔译·释·评〕

蹊径本义是指小径，这里指门径、门道。本章谈构思构图的艺术处理，移山倒海，移花接木。撷取素材如何构建艺术殿堂是微妙而艰巨的工作，是灵魂工程师施展才华的关键性步骤。石涛极具体地解说如何组织画

石涛　黄山游踪之一

石涛　山水图册之五

石涛　山水图册之八

石涛　松窗读书图（局部）

面的门道，他举了六种情况。"师父领进门，学艺在自身"，其实用六百个例子也只是例子，根本问题要把握艺术组建中形式与内涵的贴切、升华，切忌非驴非马的拼凑。

作画有六种门径：此景并非属于此山之景；此山并非属于此景之山；景中物象有正有斜，颠倒错杂；移花接木，调动不同地区之景物织入同一画面；截取景物之局部以构建画面；险峻或奇观。这六种门径，须辨明：

（一）对景不对山，如山像冬季一般古朴，却配以春景。

（二）树木古朴如冬季，山却有春意。

（三）树木正立，山石斜倒；山石端正而树木斜倒。均属倒景。

（四）空山杳冥，本无生意，因而借来疏柳嫩竹、桥梁草阁，这便是借景。

（五）截断，无尘俗的境界。山水树木，剪头去尾，笔笔处处，皆以截断。而截断之法，非至松之笔莫能入也。这里谈截取物象之局部以构成画面，这是为了突出局部之体态美，多半选取近景、中景，画面形象生动多姿，石涛作品中这类处理颇多。但截取局部要令人不感觉断截之生硬，故笔墨中要巧妙处理，似乎局部都是自然地进入画面的，故而石涛特别提醒用笔要松动：非至松之笔莫能入也。

（六）险峻者，人迹不能到，无路可入也。如岛山、渤海、蓬莱、方壶，都是非世人可测的仙居，这是山海之类的险峻。画图中的险峻只表现峭峰悬崖、栈道崎岖，须见笔力才能入妙。石涛只以形象的生动作依据而发展其绘画，很少作概念的、形象空洞乏味的图解，故他不向往虚无的仙居而着眼于峭峰悬崖之形象感染力。

林木章第十二（原文）

古人写树，或三株、五株、九株、十株，令其反正阴阳，各自面目，参差高下，生动有致。吾写松柏古槐古桧之法，如三五株，其势似英雄起舞，俯仰蹲立，蹁跹排宕。或硬或软，运笔运腕，大都多以写石之法写之。五指、四指、三指，皆随其腕转，与肘伸去缩来，齐并一力，其运笔极重处，却须飞提纸上，消去猛气。所以或浓或淡，虚而灵，空而妙。大山亦如此法，余者不足用。生辣中求破碎之相，此不说之说矣。

〔译·释·评〕

古人写树，或三株、五株、九株、十株，总求反正阴阳，各株有自己面目，参差高下，生动有致。吾写松柏古槐古桧之法，如三五株，其势似英雄起舞，俯仰蹲立，蹁跹排宕（跌宕）。西方近代美学中德国立普斯（Th.Lipps 1851—1914）的"移情"观点早在石涛作品中遇知音，尤其在树木中最为明显，石涛不仅重视每一棵树身段体态的性格特征，更着眼于树群之间的人情呼应。如何表现这些情，石涛的依凭是"形"。起舞、蹲立、蹁跹、排（跌）宕……都是动作、运动，都属节奏美。石涛没有发明"节奏美"或"抽象美"等词汇，但艺术效应的实质古今无异。"画语录"之所以难读，也由于作者将其创作感受用文字述说时，因古汉语词汇之局限，太含蓄了，对问题综合有余而剖析不足，未能将其微妙心得表达得更明确、更充沛。故必须参照其作品，揣摩其创作心态，才能悟其真谛。

他接着谈到用笔，或硬或软，运笔运腕，大都以写石之法写之。至于"五指、四指、三指，皆随其腕转，与肘伸去缩来，齐并一力"。有人从握毛笔时手指着力习惯来推敲五指、四指是否是大指、二指之误，我倒更愿意理解石涛是强调肘、腕与指着力的一致性，并非区分哪几个指头才着力，五指、四指、三指，只是泛指任凭用几个指头而已。实际上也并非每个人握笔方法都一致，尤其作画时，灵活性更大。至于"其运笔极重处，却须飞提纸上，消去猛气"，这是指对运笔的控制与把握，浓墨重笔落纸时不致失控跌落或莽撞，这个猛气是贬词，当指莽撞而非生猛，如果真生猛，倒是褒义了。人们常谈到霸气，同样可从褒、贬相反的角度来对待，贬之则谓无含蕴，褒之实为雄健也，潘天寿老师就刻一章：一味霸气。石涛要求"或浓或淡，虚而灵，空而妙。大山亦如此法，余者不足用"。则他主要是谈大幅中浓墨重笔的处理问题。"生辣中求破碎之相，此不说之说矣"，生辣用以纠正流滑，这里所说破碎，实质是指参差错落，形象不单调，这个道理是不用多说了。

海涛章第十三（原文）

海有洪流，山有潜伏。海有吞吐，山有拱揖。海能荐灵，山能脉运。山有层峦叠嶂，邃谷深崖，嶙峋突兀，岚气雾露，烟云毕至，犹如海之洪流，海之吞吐，此非海之荐灵，亦山之自居于海也。海亦能自居于山也。海之汪洋，海之含泓，海之激啸，海之蜃楼雉气，海之鲸跃龙腾；海潮如峰，海汐如岭。此海之自居于山也，非山之自居于海也。山海自居若是，而人亦有目视之者。如瀛洲、阆苑、弱水、蓬莱、元圃、方壶，纵使棋布星分，亦可以水源龙脉，推而知之。若得之于海，失之于山；得之于山，失之于海，是人妄受之也。我之受也，山即海也，海即山也。山海而知我受也。皆在人一笔一墨之风流也。

〔译·释·评〕

本章实质是谈形式中具象与抽象的关系：苍山似海。

海有洪流，山有潜伏。海有吞吐，山有拱揖（作揖状）。海能荐灵（活跃灵动），山能脉运（脉络走向有起伏）。于此点明了山与海有着相似的基本形式构成及动态。"山有层峦叠嶂，邃谷深崖，巑岏（尖山）突兀，岚气雾露，烟云毕至，犹如海之洪流，海之吞吐，此非海之荐灵，亦山之自居于海也"——重重叠叠、高低起伏，加之烟云缭绕，山群中的景观就仿佛是海的洪流与吞吐，但并非由于海的感染，山自身就赋有海的特征，"自居于海"可理解为以海自居。"海之汪洋，海之含泓（深厚广阔之容量），海之激啸（澎湃），海之蜃楼雉气（幻景现象），海之鲸跃龙腾；海潮如峰，海汐如岭。此海之自居于山也，非山之自居于海也"——海的状貌、运动、辽阔、神秘感等等因素令海可以自认为是山，并非由于山来占领了海。

山与海可相互换位，人们亦有目共睹。至于看不见的瀛洲、阆苑、弱水、蓬莱、元圃、方壶等等神话中的地域，即便星罗棋布在遥远，亦可根据水之源或山之脉的规律估计出来。如认识了海而未联系到山，或认识了山而忽略了海，均是由于感受的失误。我的感受中山即是海，海即是山，而我的感受仍能交代是山是海，那就凭一笔一墨表现手法的风流了。

证以石涛的作品，海似山或山似海的画面经常出现，那些波状起伏、疏密多姿的线之群将观众导入浩渺的空间，人们品尝着抽象的形式美感，忘情于山海之间了。

四时章第十四（原文）

凡写四时之景，风味不同，阴晴各异，审时度候为之。古人寄景于诗，其春曰："每同沙草发，长共水云连。"其夏曰："树下地常荫，水边风最凉。"其秋曰："寒城一以眺，平楚正苍然。"其冬曰："路渺笔先到，池寒墨更圆。"亦有冬不正令者，其诗曰："雪悭天欠冷，年近日添长。"虽值冬似无寒意，亦有诗曰："残年日易晓，夹雪雨天晴。"以二诗论画，欠冷、添长、易晓、夹雪，摹之不独于冬，推于三时，各随其令。亦有半晴半阴者，如"片云明月暗，斜日雨边晴。"亦有似晴似阴者，"未须愁日暮，天际是轻阴。"予拈诗意以为画意，未有景不随时者。满目云山，随时而变。以此哦之，可知画即诗中意，诗非画里禅乎？

〔译·释·评〕

19世纪法国诗人波特莱尔（1821—1867）察觉特拉克洛亚（1798—1863）的画中有诗，似乎是一个新发现，因在西方，诗与画是不同的艺术领域。雨果（1802—1885）也作画，但绝不因此就将文学与绘画的功能混淆起来。荆浩、关仝、董源、巨然、李成、范宽都是杰出的画家，但他们从未以诗人姿态出现。自苏东坡等诗人涉足绘画，并提出了诗画一家的观点，于是中国绘画与诗结姻亲成了风尚。这种姻亲呵，多半同床异梦，甚至成了锁链，束缚了彼此的手脚。当然我绝非反对画本身的诗境及诗中升华了的画境。石涛是典型的文人画家，诗、书、画的修养均极高，但他绘画上的造诣并非隶属于诗，或只是诗的图解，他作品中诗、书、画的融会极其自然，相得益彰，属于以三者共建的综合艺术中的杰出典范。

这章的实质问题是谈诗与画的关系，石涛的观点还是着眼于诗与画的相通，并没有着力剖析两者的差异及不可相互替代的各自特性。他那时代，"画中诗"或"诗中画"虽尚未有精辟的科学分析，但诗与画也还未泛滥成为彼此相欺蒙的灾难。直至18世纪，德国的莱辛（1729—1781）才对诗与画做出科学的界限，他通过雕刻《拉奥孔》和诗歌《拉奥孔》的比较，明确前者属空间构成，后者系时间节律。而我们诗画之邦似乎无人肯做出这样有些血淋淋的解剖。凡写四时之景，风味不同，阴晴各异，须根据季节气候处理。古人寄情于诗，如写春："每同沙草发，长共水云连"；写夏："树下地常荫，水边风最凉"；写秋："寒城一以眺，平楚正苍然"；写冬："路渺笔先到，池寒墨更圆"——无非是寓情于景的一般诗作。而石涛留意的却是情景违背了时节的例子，如写冬："雪悭天欠冷，年近日添长""残年日易晓，夹雪雨天晴"——冬天少雪，欠冷，白天反而添长，天反而亮得早。石涛以这两首诗论画，更推而广之，说不仅冬季，其余三季也各有其时令变异。艺术家贵于有想象，构思新奇，出人意料，呈现给观众一个独特、神异的伊甸园，这该是超现实主义的契机吧。中国古代诗人与超现实主义无缘邂逅，但也有人不肯人云亦云讴歌平庸，偏在精神世界中令年光倒流，其实与超现实主义已只一步之遥。石涛又类推到半晴半阴"片云明月暗，斜日雨边晴"，或似晴似阴"未须愁日暮，天际是轻阴"。"予拈诗意以为画意，未有景不随时者"中"未有景不随时者"句我反复推敲，是仅仅指景与季节的一致呢还是更包含了景与季节之神妙配合？既然他拈诗意以为画意，并特别列举了反季节的诗篇，并常撷取异地之景令寓于同画面，他的艺术天地不应局限于季节的一般规律。"满目云山，随时而变"，他喜多变，善于处理多变。吟咏品味，"可知画即诗中意，诗非画里禅乎"？根据其作品分析，他对画与诗的融会着力于意境及禅境方面的沟通，而绝不影响到绘画形象、形式中的独立思考与发挥。今录石涛论诗画关系的题跋一则，更有助于理解他对待诗画结合须浑然天成的观点："诗中画性情中来者也，则画不是可以拟张拟李而后作诗。

画中诗乃境趣时生者也，则诗不是生吞生剥而后成画。真识相触，如镜写影，初何容心。今人不免唐突诗画矣。"

远尘章第十五（原文）

人为物蔽，则与尘交。人为物使，则心受劳。劳心于刻画而自毁，蔽尘于笔墨而自拘。此局隘人也。但损无益，终不快其心也。我则物随物蔽，尘随尘交，则心不劳，心不劳则有画矣。画乃人之所有，一画人所未有。夫画贵乎思，思其一则心有所著而快，所以画则精微之，入不可测矣。想古人未必言此，特深发之。

〔译·释·评〕

"人为物蔽，则与尘交。"——人沉没于物质诱惑中，必奔忙于世俗之交往。

"人为物使，则心受劳。"——人在物质世界中当奴役，心情必然劳损。

"劳心于刻画而自毁，蔽尘于笔墨而自拘。此局隘人也。但损无益，终不快其心也。"——在造作与刻画方面煞费心机，自暴自弃；自己的笔墨迁就于世俗的风尚，人被束缚住了，有损无益，心情终不能舒畅。

"我则物随物蔽，尘随尘交，则心不劳，心不劳则有画矣。"——恋物质者由他们沉湎于物质，世俗的交往听其交往，我的一贯态度是不为此而动心的，不去劳这方面的心才有画艺。

"画乃人之所有，一画人所未有。"——人们都可以作画，却不理解要根据自己的感受来作画。

"夫画贵乎思，思其一则心有所著而快，所以画则精微之，入不可测矣。"——画贵于思想，思想有所专注，则内心踏实而愉快，画便精到周密，难测其深度了。

石涛是和尚，本已远离红尘，但艺术不可能与社会隔绝，故他的创作活动必然招来赞扬与讥嘲，看来他的敌对面势力不小，而他这个出家人却锋芒毕露地对谬误观点迎头痛击。人出家了，仍为艺术而争，艺术是他生命的全部，他全力维护艺术的纯真。"想古人未必言此，特深发之。"当时人会骂他太狂妄吧！

脱俗章第十六（原文）

愚者与俗同讥。愚不蒙则智，俗不溅则清。俗因愚受，愚因蒙昧。故至人不能不达，不能不明。达则变，明则化。受事则无形，治形则无迹。运墨如已成，操笔如无为。尺幅管天地山川万物而心淡若无者，愚去智生，俗除清至也。

〔译·释·评〕

"愚者与俗同讥（《画论丛刊》本作"识"）。"——愚蠢与庸俗是一回事，是同样的见识或同样被讥笑。

"愚不蒙则智，俗不溅则清。"——如不受愚之蒙蔽则也就成了智，不受俗之沾染则也就清雅了。

"俗因愚受，愚因蒙昧。"——俗是由于愚的感受，愚是由于蒙昧。

"故至人不能不达，不能不明。"——所以杰出者不能不通达，不能不明悟。

"达则变，明则化。"——能通达就知变化，能明悟则可入化境。

"受事则无形，治形则无迹。"——表现感受及客体并无固定的形式，而所运用之形式也来去无踪影。

"运墨如已成，操笔如无为。"——所运之墨似乎是原已天然形成，而操笔又如于不经心中为之，全无做作。

"尺幅管天地山川万物而心淡若无者，愚去智生，俗除清至也。"——尺幅画图包容了山川万物而心境恬淡若一无所有，这都缘于脱出愚昧而生智慧，排除庸俗而得清雅。

石涛所忌之俗明显是指庸俗，他未及剖解通俗与庸俗之区别。

兼字章第十七（原文）

墨能栽培山川之形，笔能倾复山川之势，未可以一丘一壑而限量之也。古今人物无不细悉，必使墨海抱负，笔山驾驭，然后广其用。所以八极之表，九土之变，五岳之尊，四海之广，放之无外，收之无内。世不执法，天不执能，不但其显于画而又显于字。字与画者，其具两端，其功一体。一画者字画先有之根本也，字画者一画后天之经权也。能知经权而忘一画之本者，是由子孙而失其宗支也。能知古今不泯而忘其功之不在人者，亦由百物而失其天之授也。天能授人以法，不能授人以功；天能授人以画，不能授人以变。人或弃法以伐功，人或离画以务变。是天之不在于人，虽有字画，亦不传焉。天之授人也，因其可授而授之，亦有大知而大授，小知而小授也。所以古今字画，本之天而全之人也。自天之有所授而人之大知小知者，皆莫不有字画之法存焉，而又得偏广者也。我故有兼字之论也。

〔译·释·评〕

本章谈书与画的关系，兼论自然与法的因果。

"墨能栽培山川之形，笔能倾复山川之势，未可以一丘一壑而限量之也。古今人物无不细悉，必使墨海抱负，笔山驾驭，然后广其用。所以八极之表，九土之变，五岳之尊，四海之广，放之无外，收之无内。"——笔墨能塑造山川形势（栽培与倾复皆指塑造），不仅仅局限在一丘一壑之间。人人皆知笔墨有移山倒海之能量，更须发挥其功效。所以无论九州八方之广袤，五岳四海之崇高，均可展拓至无穷，收容到无遗。

"世不执法，天不执能，不但其显于画而又显于字。字与画者，其具两端，其功一体。"——世间的方法不可固执，自然的功能也非单一，这不仅体现在绘画上，同时适应于书法上。字与画本是两端，但其功效具一致性。

"一画者字画先有之根本也，字画者一画后天之经权也。能知经权而忘一画之本者，是由子孙而失其宗支也。能知古今不泯而忘其功之不在人者，亦由百物而失其天之授也。"——先有感受再落笔是绘画与书法的根本，书与画均是凭感受而诞生的创作。能知创作而忽略了依据感受这一根本，真是忘祖了。懂得古今不泯而不懂得这并非由于人为，正如虽了解百物却不了解都是缘于天授（自然规律）。

"天能授人以法，不能授人以功；天能授人以画，不能授人以变。人或弃法以伐功，人或离画以务变。是天之不在于人，虽有字画，亦不传焉。"——自然能启发人创造方法，但不保证成功。自然能赐予人画面，但不能教导如何变化。人们如不考虑法而夸（伐）自己的功，或离开绘画规律一味为变而变，便失去了自然本质（天之不在于人），虽有字画，也非传世之作。

"天之授人也，因其可授而授之，亦有大知而大授，小知而小授也。所以古今字画，本之天而全之人也。自天之有所授而人之大知小知者，皆莫不有字画之法存焉，而又得偏广者也。我故有兼字之论也。"——只因人有敏感才能得天之启迪，智商高的得之多，智商差些就得的少。

所以古今字画，须凭天分，成功在乎本人。正因有天分及智商高低等区别，便有各式各样的字画之法，产生大大小小的影响。因之我写这章兼字之论。

资任章第十八（原文）

古之人寄兴于笔墨，假道于山川，不化而应化，无为而有为，身不炫而名立，因有蒙养之功，生活之操，载之寰宇，已受山川之质也。以墨运观之，则受蒙养之任；以笔操观之，则受生活之任；以山川观之，则受胎骨之任；以鞟皴观之，则受画变之任；以沧海观之，则受天地之任；以坳堂观之，则受须臾之任；以无为观之，则受有为之任；以一画观之，则受万画之任；以虚腕观之，则受颖脱之任。有是任者，必先资其任之所任，然后可以施之于笔。如不资之，则局隘浅陋，有不任其任之所为。且天之任于山无穷。山之得体也以位，山之荐灵也以神，山之变幻也以化，山之蒙养也以仁，山之纵横也以动，山之潜伏也以静，山之拱揖也以礼，山之纡徐也以和，山之环聚也以谨，山之虚灵也以智，山之纯秀也以文，山之蹲跳也以武，山之峻厉也以险，山之逼汉也以高，山之浑厚也以洪，山之浅近也以小。此山受天之任而任，非山受任以任天也。人能受天之任而任，非山之任而任人也。由此推之，此山自任而任也，不能迁山之任而任也。是以仁者不迁于仁而乐山也。山有是任，水岂无任耶？水非无为而无任也。夫水：汪洋广泽也以德，卑下循礼也以义，潮汐不息也以道，决行激跃也以勇，潆洄平一也以法，盈远通达也以察，沁泓鲜洁也以善，折旋朝东也以志。其水见任于瀛海溟渤之间者，非此素行其任，则又何能周天下之山川，通天下之血脉乎？人之所任于山而不任于水者，是犹沉于沧海而不知其岸也。亦犹岸之不知有沧海也。是故知者，知其畔岸，逝于川上，听于源泉而乐水也。非山之任，不足以见天下之广；非水之任，不足以见天下之大。非山之任水，不足以见乎周流；非水之任山，不足以见乎环抱。山水之任不著，则周流环抱无由；周流环抱不著，则蒙养生活无方。蒙养生活有操，则周流环抱有由；周流环抱有由，则山水之任息矣。吾人之任山水也，任不在广，则任其可制；任不在多，则任其可易。非易不能任多，非制不能任广。任不在笔，则任其可传；任不在墨，则任其可受；任不在山，则任其可静；任不在水，则任其可动；任不在古，则任其无荒；任不在今，则任其无障。是以古今不乱，笔墨常存，因其浃洽斯任而已矣，然则此任者，诚蒙养生活之理，以一治万，以万治一。不任于山，不任于水，不任于笔墨，不任于古今，不任于圣人。是任也，是有其资也。

〔译·释·评〕

推敲原文，"资任"系指赋予信任、托付之意，即画家要有追求目标。本章焦点，结集于人的良知，艺术家的心态与良心。

古之人寄兴于笔墨，取材于山川，两相融汇，虽无野心，却有成就，虽无显赫之位，却美名流传；皆因有冲破混沌而立法（蒙养）之功，体验及于生活，感受到寰宇中山川之本质。

从用墨方面看，有冲破混沌而立法之托付；从用笔方面看，有表现多种形象之托付；从山川角度看，须架构其胎骨；从皴擦角度看，应担负起手法的变化；从沧海来看，须表现天地无垠；从坳堂（坳，指山间平地，坳堂谅指某类地貌）观之，须传达时光之流逝；在无野心无企图中应做出成就；就依据感受而创一画之法而言，是为了创出无穷的画法；而悬腕则是为了脱颖而出的目标。所以凡有所追求，必先明确追求什么，然后才能动笔。如不赋予追求目标，局隘浅陋，谈不上追求什么了。

天对山的赋予无穷，山占领空间而呈现体貌，山有神秘的灵性，山变幻无尽,"山之蒙养也以仁"——这个蒙养就只能理解为生养之意了,歌颂山之仁德。山脉纵横有动势,有时又静静地潜伏着,山像拱揖有礼,山亦缓慢温和地转弯,山之环聚中彼此守着严谨,山之虚灵中表现出智慧,山之纯净秀色中有文气,山之蹲跳中显出勇武,山之峻厉中见惊险,山之高直逼霄汉,山之浑厚表现其宽宏,山之浅陋也不遗忘于巧小。这都是天所赋予山的,并非山以所赋予的又赋予天。人能承受天的赋予,并非山之赋予再赋予人。由此推之,山受了赋予而自己承受,不能将这赋予转移。所以仁者喜欢山时仍不失自己的仁。在此,石涛利用山的多种状貌与特性谈的全是人格:仁、礼、和、谨、智、文、武、险、高、洪、小……我无意,也无水平从哲学角度研究他的逻辑思维。画家石涛,写"画语录",当主要着眼于绘画表现中的意境与人情,为19世纪德国美学家立普斯的"感情移入"说提供了例证。

  山有这些赋予,水难道就没有赋予?水:汪洋而广为灌溉似有德,依照往低处流之理表现其义,潮涨潮落遵守循环之道,激发跳跃显出其勇,回旋平流均有法度,通达至遥远利于观察,渗透而清澈呈现出善,曲曲折折终于东流去正是其志。此水受赋予于瀛海溟渤之间,若不完成这些赋予,怎能围绕着天下之山川,贯通天下之血脉呵?人们如只知山的赋予而忽视水的赋予时,"是犹沉于沧海而不知其岸也"——仿佛是沉于沧海而不知其岸,意指困于海之物境而不悟海之意境。"亦犹岸之不知有沧海也"——也等于岸上不知有沧海了。既然见物无情意,无情意就不见物了。

  没有山的赋予,不足以见天下之广;没有水的赋予,不足以见天下之大。山不赋予于水,不能见水之周流;水不赋予于山,不能见山之环抱。山水间的相互赋予不明显,则周流与环抱都没有来源了。周流与环抱不明显,则蒙养生活无方——应指就难于创造具表现万象的画法。能掌握表现万象的画法,则缘于周流与环抱有来源,周流与环抱有来源,则山水之赋予就完成了。

我们承受山水的赋予,不在乎赋予之广,而要能控制这赋予。赋予不在乎多,而要能简约概括。不能简约概括便不可赋予太多,不善控制便不能赋予太广。赋予之目的不在于笔,而为追求能流传;也不在墨,重要在有所感受;目的不在山,在乎其静;目的不在水,在乎其动;目的不在古,要探究古代之所以有迷途;对于今,要排除障碍与阻力。所以须区别对待古今,笔墨之能常存,由于能贴切深透(浃洽)地表达了被赋予的任务。而这任务之完成,依凭了感受与客体形象所创造的画法,从一画推广到万法,又从万法统归到一画。任务不在于山,不在于水,不在于笔墨,不在于古今,不在于圣人。这任务自有其所赋予之目的。——总鉴全篇,这目的显然是指人的品格,人的良知,艺术家的心态与良心。

*　　*　　*

《石涛画语录》虽未能包容石涛的全部见解,但"一画之说"这个核心问题已谈得较透彻。至于技法,挂一漏万,永远罗列不全,但石涛在一则题跋中谈到"点"的问题,精妙绝伦,虽说的是"点",实际上指出了画法中应不择手段,亦即择一切手段,这是属于如何理解艺术本质的根本问题。我认为这可看作画语录的遗篇,故录此供参照:

> 古人写树叶苔色,有深墨浓墨,成分字、个字、一字、品字、厶字,以至攒三聚五,梧叶、松叶、柏叶、柳叶等垂头、斜头诸叶,而形容树木,山色,风神态度。吾则不然。点有风雪雨晴四时得宜点,有反正阴阳衬贴点,有夹水夹墨一气混杂点,有含苞藻丝璎珞连牵点,有空空阔阔干燥没味点,有有墨无墨飞白如烟点,有如焦似漆遢

遍透明点。更有两点，未肯向学人道破。有没天没地当头劈面点，有千岩万壑明净无一点。噫！法无定相，气概成章耳。

载《我读石涛语录》1996年出版

百代宗师一僧人
——谈石涛艺术

中国现代美术始于何时，我认为石涛是起点。西方推崇塞尚为现代艺术之父，塞尚的贡献属于发现了视觉领域中的构成规律。而石涛，明悟了艺术诞生于"感受"，古人虽也曾提及中得心源，但石涛的感受说则是绘画创作的核心与根本，他这一宏观的认识其实涵盖了塞尚之所见，并开创了"直觉说""移情说"等等西方美学立论之先河。这个17世纪的中国僧人，应恢复其在历史长河中应有的地位：世界现代艺术之父。事实是他的艺术观念与创造早于塞尚二百年。石涛的经典著作《画语录》中提出了谜似的"一画之法"。他说：一画之法自我开始。并说他的一画之法是一法贯众法。他在《画语录》中阐明的核心问题是尊视"感受"，作者必须尊视自己的感受，不择手段或择一切手段表现出自己的真实感受来，正因每次作画前由于对象及情绪之异，每次感受之不同便应运用不同的表现方式和技法。所以谜底早已说得清清楚楚。他之所谓"一画之法"并非炮制了什么作画之绝技或杂技，而是阐明了对画法之观念，他说："古人之须眉不能长我之面目。"因别人笔底的画图不同于他的感受，故曰一画之法自他始。须知：当时抱残守缺，以仿古为尚的画坛攻击石涛无古人笔墨。

看石涛的作品，全是有感而发，而他的感受更是直接从视觉形象中得启示，他对形式美有独特的敏感。我在学生时代，学西方的油画，兼学传统的国画，国画老师潘天寿重视初学者的基本功，必须从临摹入手，我们

王时敏 远风阁作山水图

王鉴 富春山居图

遍临宋、元、明、清的名作。为了练功,不喜爱的作品也要临,临"四王"的山水很乏味,但不得不"打工",也大量临过。潘老师自己是偏爱石涛和八大山人(1626—1705)的,所以杭州艺专的校图书馆里石涛和八大的画册很多,我临石涛时真是心情欢畅,跟随这和尚云游四方,乐而忘返。一反陈腔滥调的山水画程式,石涛的作品直接来源于生活,他表现的都是身处真山真水间的亲切感受,而且近景、中景居多,活泼泼的山、水、树、屋就近在眼前,他绘写了大自然的肖像,各具个性的肖像。山石林木间有几间大大的房屋,不仅为了点缀屋里有人在享闲居之乐,更关键的着眼点在于房屋的块面之形与山石林木的线组织间的对照与变化,共同构成了新颖多样的画面,这与平庸山水中概念地点染几间小屋属于完全不同的审美观。其树如人,或挺身高歌,或斜卧放荡,松柏苍翠、柳丝袅娜,杂树成丛对语喧,更常有轻盈多姿的水草相随相依,粼粼水波之曲线

王原祁 江山清霁图

王翚 万壑千崖图

笑迎画里芳邻。

　　石涛造型观中突出的颖悟是发觉了平面分割的重要，他充分利用了画面和面积，以白计黑或以黑计白，黑白间的对照、协调在石涛作品中都被匠心独具地处理得臻于妙境，可有可无或不了了之的空白不存于他的画面中，空白处的题款的位置、形式、疏密等等都属于他画面严格结构的整体。这在花卉中尤为明显，无论梅、兰、竹、菊，都首先是不同样式的线之对照、协调与组合，组合千变万化。石涛的大幅荷塘，脱尽陈陈相因的花卉程式，构图着力于方、圆、尖、曲等不同几何形的大胆组合，形式独特，效果醒目，其思路与塞尚所分析的物体由圆柱、圆锥形等构成的原理异曲同工。题跋的书法之线或由之组成之面闯进画面与画共处时，或是起了纽带、辅助作用，或是起了破坏作用，而大多数情况是起了破坏作用。竹叶、兰叶、苇叶、野草……肥、瘦、俏、拙，全无定貌，都缘作者忧、喜、啼、笑。款识透露诗画隐情，所谓诗情画意，但要害问题涉及绘画思维与文学思维的矛盾与统一，文学的图解或图画的注脚都失去艺术的纯度与品位。石涛竭力在款识与绘画的形式及内涵中求得如鱼入水之美，郑板桥和潘天寿也特别重视这种综合艺术体裁的推敲。这使我想起罗丹，罗丹的雕塑具文学内涵，近乎文学与雕塑的结合体，成为一代宗师，而他的学生布尔德尔（1861—1929），则向纯雕塑迈进，对文学持排斥心态了。我国唐宋绘画均无文字补述，至文人画发展成诗、书、画的综合艺术，所谓"三绝"之类的综合艺术杰作其实是凤毛麟角，而流弊日广，泛滥成相互遮丑的混杂体了。

绘画是平面艺术，"征服面积"可说是画家的主要课题。西方油画以块面作为主要手段来造型，中国画用线、点与泼墨来解决面积，其效果亦即是今天所谓的肌理。皴法是被程式化了的肌理，我临摹过披麻、荷叶、乱柴等等皴法，渐感乏味，像"四王"之类千篇一律的皴法，味如嚼蜡。石涛列举了无数种皴法，但他暗示皴法名目再多也属挂一漏万，必须创自家皴法。当然，他首先着眼于山石的纵横错落，有时长岭横空，霸悍惊人，虽出人意料，却得其寰中。他用的皴法之线或粗或细，或浓或淡，随山石之体形作顺向或逆向之转折，线上落苔点，有时稀稀落落，有时倾盆大雨，时而似大珠小珠落玉盘，往往更在点线间镶嵌锋利的小草。点线结合之缠绵风采成了石涛独有的肌理，这种肌理用于小幅，展现了潇洒飘逸之美；用于大幅，则如闻黄钟大吕，音响回荡。石涛说：

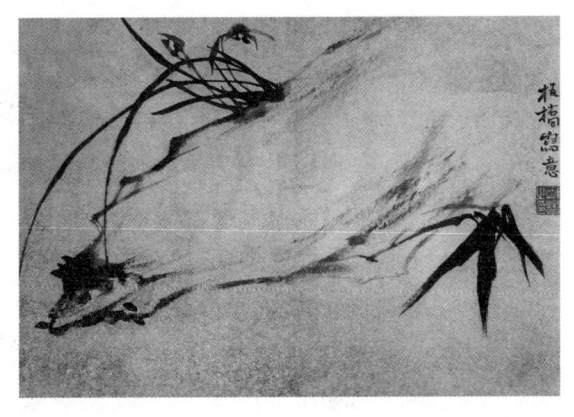

郑板桥　墨竹图

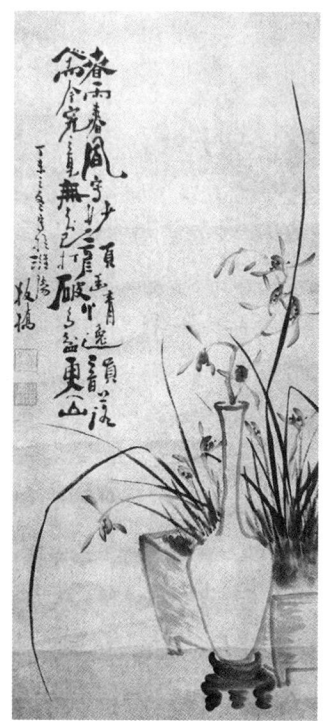

郑板桥　兰花图　　　　郑板桥　琅轩竹图

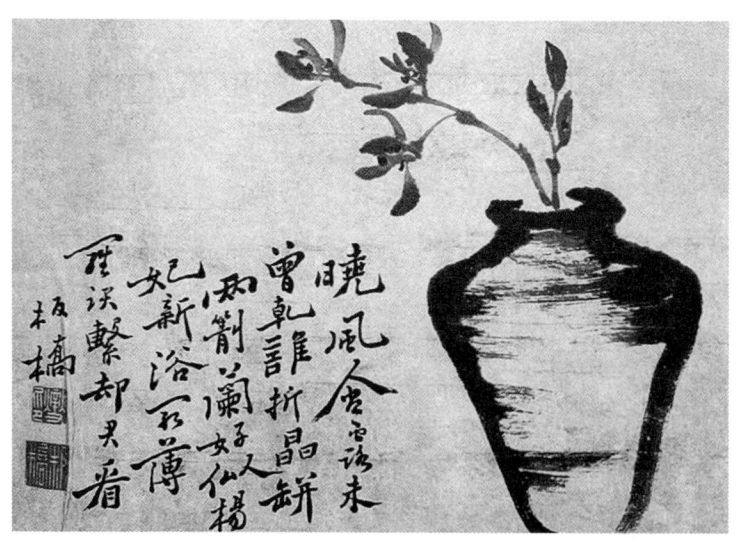

郑板桥　瓶花图

"墨团团里黑团团，黑墨丛中花叶宽。"充分表明了他对黑色块面作用的体会和妙用，他从用笔墨描写物象进而探索到笔墨运用中视觉的抽象效果。

蔡元培早就归纳说，西洋绘画近建筑，中国绘画近文学。从反面看，一般情况是中国绘画缺乏建筑性，全局构架松散，色调无整体感，画幅上墙后视觉效果软弱无力。但石涛却处处着眼于全局效果，画面或浓墨重锤黑云压城，或疏疏细线织出淡淡的银亮世界，其不同画面的构成中总鲜明突出以弧状或以方形各领风骚的主调。石涛说过，大画要邋遢，其实质是说大画重点在营造全局，不拘小节，不追求局部的干净利索，谨毛而失貌，若能控制大局，则不怕局部的"邋遢"。这一观点阐明了绘画表现的规律，即绘画中笔墨、色彩等等均受制于相互之间的关系，如脱离具体画面谈笔墨或色彩，任何样式的笔墨或色彩就无所谓优劣。往往一幅杰出的作品中的某些色彩被剥离出画面时，却是一块脏色，但任何漂亮的色替代不了这块"脏色"的功能。苍茫、浑厚、乱而不乱的画面，往往易被不体会艺术美的人们误认为邋遢，邋遢这一贬词，借到艺术中来有时倒可认作褒词。

石涛的册页之类的小幅，大都是水乡野景、山海云烟、荷塘、瓜叶，生态万象，手到擒来，情趣盎然，都似写生之作，写生寓写意、写情，他自题小品："主人门不出，领略一庭秋""窗中人已老，喜得对梅花""船窄人载酒，岭上树皆酣""秋老树叶脱，林深人自闲""谁从千仞壁，飞下一舟来""竹深人不到，树老蚁为窝""采菱未归去，童子立荆扉"，从这些小品的诗情画意中，人们很易看清石涛这个出家人本是一个陶醉于生活的真正艺术家，他视觉敏锐、文思如源，写诗作画，尽情发挥自己的独特感受，笔底锋芒毕露，嬉笑怒骂皆成文章，全不像压抑性情的佛门信徒。我几度到黄山，发现许多峰峦树石都曾是石涛的模特儿，黄山当是石涛绘画生涯的起点，他一生基本生活在黄山、南京及扬州，虽曾到北京、天津住过两三年，最后终老扬州，笔底画图也大都是湿润的南国山川、茂林修竹、丰盛草木、江河帆影……他爱用湿墨，我最初喜欢他的画，也许由于接近水彩，后来我反过来在水彩中引进他的水墨；更后来，在油画中吸取他的意境，由于他的作品与现代的情趣接近，与现代西方的造型观念又心有灵犀一点通，所以易于共鸣。

石涛，我衷心尊奉为现代绘画之父。

1998年

虚谷所见

我确乎常怀念虚谷,我似乎见过他,是一位精神矍铄的清瘦和尚。是他绘画中修长的艺术形象和锐利的笔锋感染了我?每见作品便见其人,感到熟悉、亲切。酒逢知己千杯少,可惜他与我们相隔一百年!

虚谷愈来愈被人们赏识了,虽然有关他生平的资料寥寥无几,评论其作品的文章却日益多起来。最近读到四川人民出版社出版的《虚谷画选》,虽只限于上海博物馆之收藏,可喜是第一本虚谷的专集,老友郑为所撰的前言,引起我的共鸣,我想侧重谈谈虚谷在客观物象中所见的形式美世界。

出世的和尚,入世的画家,虚谷表现的都是生活情趣:枝头的长虫、临流的王八、松鼠窜竹林、鱼群逐落花……他的创作基于写生,有时近乎水彩画。水彩画近乎没骨,靠色层渲染衬托,靠线的结构之骨,瘦骨嶙峋,复以淡墨浅绛使之滋润。他在写生中多用减法,减去一切与显示美感无关的笔墨粉彩;他在减法中有时又参以加法和乘法:枝密、叶密、线密、点密,为的是织网成面。总的看来,虚谷在客观物象中着力捕捉和表现潜藏其间的形式美。他通过写生悟出了形式美的构成因素,掌握了形式美的规律,这方面,比之古代画家和他同时代的画家,他是先驱,然而他当时遭遇的是冷落。

有成就的画家都有自己的形象世界,也都局限在自己的形象世界里,虽然大都竭力想扩展这个世界。虚谷的所见,虚谷的形象世界是十分鲜明的。王八的盖，一块多角似圆的板状形；藕的切片，也近似多角似圆的板状形。藕有孔洞，正如王八盖上有图案，块中有块，画家的慧眼发现了几何形组合在形式结构中的作用。苹果伴香炉，方形的香炉有棱有角，那苹果也被感染而呈现有棱角的体态。虚谷不识塞尚何许人也，如果他们在苹果桌上相遇，倒是棋逢对手了！虚谷有意推敲形式构成，扣他一顶构成主义的帽子，绝非为了贬他。如《雪树楼台》，作者眼里的楼台和树石都是几何形的统一体。房顶门窗等的几何形是人所共见，而树石也以相应的几何形体态来环抱楼台，那只是画家的独特而敏锐的感受。一反陈腔与滥调，虚谷在众皆以为单调的几何形中谱新曲。此画作于1876年，属于较前期的作品，虽不能说是他的代表作，但代表了他大胆创新中的明显倾向。《柳叶游鱼》，柳叶似尖刀，鱼亦似尖刀，刀刀相碰发出了铿锵之声。作者用众多锋利的尖刀式几何形交错构成了错综而清新的画面，他捕获了运动与速度中的形象，表现了瞬间的美感。看那柳叶，似乎草草挥写，并不精致，看那游鱼，方棱方角，眼开眼闭，更符合人们赞扬"逼真"作品时所说"栩栩如生"的概念。作者大胆地用新颖的手法表达新颖的美感，他大胆，他并不顾虑作品能否出售，他享有艺术创造的自由。《茶壶秋菊》在平面分割间充分发挥了量感美。菊花及叶之整体偏长方形，壶也是偏长方形，两个饱满的长方形互相抱合，只是头东头西，方向相反。这里，令人想起毕加索的斜躺着的农民夫妇，也是头东头西，人的体形竭力往粗短里压缩，使之构成两个长方形的抱合，强调了饱满的量感美。菊花花朵的长方形与壶把所构成的长方形彼此类似，前者由繁密的花瓣构成，后者是空疏的"漏窗"；壶盖上那单线勾成的纽，小小的椭圆体形与花叶的大小及形状也正仿佛，而黑白相反。笔墨无多的小幅册页，耐人寻味，正缘其间艺术处理的匠心独运。

对照与协和，是造型艺术中最常用的手法，这一对矛盾中辩证关系的发挥，影响着作品千变万化的效果。虚谷画面总予人协和的美感，总是藏对照于协和之中。他常表现松树间的松鼠，细瘦飘扬的长线是松针，钉头鼠尾的短线是鼠毛，画面上下左右均属线世界。长线与短线相对照，松针与鼠毛逆向运动，其间组成了线的旋律感。松针所占面积虽大，但稀稀疏疏，亮度大，松鼠体形虽小，密线又淡染，浓缩成块面，在整个画面中像是几个小小的秤锤，总恰到好处地维护着画面的均衡感。我手头无这类松与松鼠作品的图片，只有一幅《绿竹松鼠图》，同样可看出作者经营的苦心。这里竹叶如柳叶下垂，垂线是主调，与之对照，松鼠的毛都横向放射。故宫博物院的《梅与鹤》更说明他藏强烈对照于高度协和的用心。素净的白鹤藏于枝权与花朵的点线丛中，但点线的分布与白块大小的相间却仍是画面的统一基调，这一手法同样见于《梅花书屋》中。

　　虚谷的画眼，即他对物象的观察方法，是剖析形式美的法则。他侧重画面的整体组合，重貌不谨毛。犹如所有的画家，他的作品并非都出色，但大都透露着苦心的艺术设计。如他在金鱼、枇杷、葡萄、茄子等等题材中，竭力表现圆形与弧线间的相互呼应之美感，和尚之意未必只在花果之间也！客观世界的美感不断被世世代代的画家们表现，画家通过描绘具体物象表达自己所见的美感。成功的作品充分表达了作者的美感。兢兢业业，虽作了具体而详尽的描摹，但未能捕获美感的图画，进不了艺术的范畴。形象之所以美，其中构成形式美的条件和规律是什么，这些有关形式美的科学的分析和理解，都是通过历史阶段逐步被人们认识的。古代画家创作了许多伟大的作品，失败的作品当然就更多；一件重要的作品在某一方面失败了，留下严重的缺陷，这都是后人在实践中总结经验和探索规律的宝贵遗产。范宽的《豁山行旅图》是一幅历史性的杰作，气势磅礴，其厚重感之形成首先由于两大块长方形的安置，矗立的长方形与横卧的长方形均属长方

范宽　豀山行旅图　　　　　马远　踏歌图

形，而矗立与横卧（基石）是强烈的对照。两块长方形的比例是稳定感与力量感的决定因素，这是大厦结构的首要问题，是建筑工程。山石间还潜伏着许许多多长方形，或近似长方形，组成全幅画面形体单纯统一的基调，树木、流泉之穿插绝不破损这一珍贵的基调。马远的《踏歌图》中固也有许多杰出的表现手法，但在构图处理中却犯了门框似的平均划分之病，没有重视平面分割的要害作用，其基本结构重复单调，无可救药，虽然许多局部都很严谨、完整。如果说古代画家尚未及重视从对象中抽出构成美感的形式规律，那么虚谷悟出了这一规律，知其然而知其所以然，他积极主动地运用与发挥了这一规律，做出了绘画向某一新领域展拓的创造性尝试！

载《美术》1984年第5期

尸骨已焚说宗师

一代宗师林风眠，中国现代美术史上闪亮的星，1991年8月陨落于香江。林老师生前落寞，死后也未见哀荣，他走完艰涩、孤独、宁静、淡泊的九十一个春秋，临终遗言，将其骨灰撒作花肥。今海峡两岸合作出版他的巨型画集，约我作序，再次回顾老师的耕耘，悲凉多于喜悦。

巨匠—园丁

中国传统绘画随着五四新文化运动的大潮冲出低谷，吸取西方，中西结合成为谁也阻拦不住的必然的发展趋势。老一辈的美术家到欧洲、日本留学，直接或间接引进西洋画，年幼的西洋画发育不良，成长缓慢。倒是由于异种的闯入，促进了传统绘画的剧变与新生。这些学了西画回来的前辈们大都自己拿起水墨工具创新路，启发年轻一代对传统的重新认识。传统是反传统，反反传统，反反反传统的连续与积累。

时至今日，20世纪90年代，对西方绘画和传统绘画两方面的认识都较五四时期大大提高、深入了，中西结合可说已成为创作中的主流。主流往往被时髦利用作装饰品，各式各样不同水平的画展中，大都标榜作者融汇了东方和西方。说时容易做时难，艺术中中西结合的成活率不高。父母生孩子，总希望新生儿能结合父母双方的优点，但孩子偏偏继承了父母缺陷的例子并不少。郎世宁是早期结合中西绘画最通俗的实例，他主要运用西洋表现立体感的手法，来描绘中国的花鸟、走兽及人物等题材，赢得了宫廷中大批美盲官僚的喜爱，欺蒙了无知的皇上。正因评画的标准大都只凭"酷似"，所以苏东坡才批评这种"见与儿童邻"的低层次。不论形似，又论什么呢？美术美术，其存在价值在于美。千般万种的手法都可能创造美，有立体感的美，有非立体感的美，有时增强了立体感反而显得丑陋，郎世宁完全不体会"删繁就简三秋树"的郑板桥式的审美观。古希腊、罗马的传统重立体表现，绘画基本立足于形象塑造与色彩渲染，在形与色的刻画中精益求精。中国人初见立体逼

郎世宁　雍正皇帝朝服像

真的西洋画必然感到新颖，郎世宁适时呈献了受欢迎的贡品，但他自己也许并未意识到：他将咖啡倾入了清茶，破坏了品位。郎世宁当然有其历史作用和文物价值，我只是不喜欢他低品位的不协调的画面。19世纪末以来，西方艺术吸取非洲和东方营养，量变而质变，不再局限于追求客体的表面肖似，反传统，反反传统，反反反传统确乎是世界性的艺术发展规律。我们的前辈们出洋留学，取经，取的是什么经呢？派系纷争，见仁见智，玄奘的鉴别力和修养影响着中国佛学的发展吧！写实的技巧很易获得中国官方和民间的赞美，认为这就是西洋画了。同时在中国画的改进中，也就局限于吸取西方学院式的素描能力，实质上与郎世宁异曲同工。在这中西绘画交融的时代潮流中，林风眠着眼于中西方审美观的结合与发展，通过长期艰苦实践，开创了独特的新途，其作品最终被广大群众认识，偏

郎世宁　八骏图

爱，随着历史的进展，其形象日益鲜明，影响日益深远。

　　林风眠1920年到法国，先在里昂美术学校扬西斯工作室学雕刻，后转入巴黎高等美术学校学院教授谷蒙工作室学油画，打下坚实的基础。显然他未肯陷入学院的牢笼，而偏向印象派、后印象派、野兽派、表现派等个性奔放的狂热画家，他深入理解、体会了现代西方的审美精髓。同时他经常到东方博物馆钻研中国的传统艺术、绘画、陶瓷等。海外游子，在东西方艺术的比较研究中，也许更易发现自己，辨认自己的前途。年轻的林风眠作过《摸索》，表现一群摸索者，都画成瞎子，他们是苏格拉底、孔子、释迦牟尼、荷马、但丁、达·芬奇……回国后作《人道》、《生之欲》（水墨）等重大社会题材的大幅作品，成教化，助人伦，忧国忧民。但艺术救国尚属空中楼阁，他终于发现自己"毕竟不是振臂一呼而应者云集的英雄"，便渐渐转入艺术自身的革命。他为同学纪念册上题写"为艺术战"，平易近人、和蔼善良的林风眠只有微笑，很少见他生气，他与谁战？而在作品中，他旗帜鲜明地与因袭传统战，与肤浅的崇洋战，与虚情假意战，与庸俗战。

细读林风眠的作品，大致可归纳几方面的特色：

（一）块面与线弦的二重唱

作者首先把握画面的整体结构，重视平面分割，调动全部面积，不浪费分寸之地，因之往往连签名的位置也没有。马蒂斯说："画面不存在可有可无的部分，凡无积极效益者，必起破坏作用。"中国画中的空白，计白当黑，应属严格的积极的有意识的安排。林风眠采用块面塑造奠定画面的建筑性，但他扬弃了块面的僵硬性，融入水墨与宣纸接触的浑厚感，因之他的块面没有死板的轮廓，而是以流畅的线之造型来与之配合、补充，组成块面与线弦的二重唱或协奏。他的仕女、瓶花、山水、果木等各样题材，其形象风姿大都在面与线的重唱中忽隐忽现，分外娇娆。他发展了传统绘画构线赋彩的单一效果。近年，京剧改革中亦试引进西洋乐器与传统锣鼓琴弦相配合，这是林风眠在20世纪30年代便起步的探索，从他画面中，人们在欣赏大提琴的浑厚之音时又遥闻悠悠长笛。

（二）方、圆的饱满与几何的秩序

林风眠的画幅基本采取方形。我们古代也有偏方形的册页，但认真、有意以方形构图则是林画的特色，今天模仿者已甚众，并成风气。林风眠之采用方形，绝非偶然兴之所至，而是基于他的造型观。方，意味着向四方等量扩展，以求最完整、最充实的内涵；圆，亦是扩展到最大量感的结果。从造型角度看，方与圆近乎等值，是孪生兄妹。林风眠的方形画面中往往只容纳一个圆，所有的空间都被集中调配，构成一统天下与大气磅礴之感。最明显的例子是鸡冠花、大理花、绣球花、菊花等各样盆花及水果、瓶罐等静物组合，令人感到无限饱满，其花卉什物的弧曲线在方形宇宙间占尽风流，即便画面不大，气势宽阔博大。亦爱方圆亦爱锐利，干枝横斜、苇叶尖尖、渔翁的竿、白鹭的腿……画面常出现坚挺锋利的线，刺破寂寥，对照了团块的量感美。这些锋利的线并非只是孤立的线，它们是画面几何形的构成因素。画中几何，看似不规则其实有规则的几何，往往是造型艺术的奠基石。立体派的审美基础应是几何造型。亚里士多德在雅典艺术院的大门口写道：不懂几何者请不要进来。林风眠那些变形的桌面、门窗，不合透视的瓶罐，其用心良苦处正是追求艺术构成中的几何秩序。他的《宝莲灯》《基督之死》及一系列的京剧人物，充分表达了几何形之复杂交错美，铿锵有声。那幅《芦花荡》，如袁世海看到，当可作为亮相的参考范本吧！

（三）黑白的悲凉与彩色的哀艳

1940年前后，重庆一家报纸上登了一条消息：林风眠的棺材没有人要。我们当时吃了一惊，细读，才知香港举办林风眠画展，作品售空，唯一幅《棺材》卖不掉。我没有见过林老师画的棺材，但立即意味到黑棺材和白衣哭丧女的强烈对照。黑墨落在白宣纸上所激发出来的强烈对照，当属各种绘画材料所能产生的最美妙效果之一。印象派认为黑与白不是色，中国人认为黑与白是色彩的根本、绘画的基石。正如黑在西方是丧事的象征，白在中国是丧事的标志，因之，黑与白极易使人联想到哀伤。但黑与白均很美，"若要俏，常带三分孝"，民间品位亦体会到素装中的白之美感。林风眠竭力发挥黑的效果，偏爱黑乌鸦、黑渔舟、黑礁石、黑松林、黑衣女……紧邻着黑是白墙、白莲、白马、白衣修女、白茫茫的水面。黑、白对照，衬以浅淡的灰色层次，表现了孤独荒寥的意境，画面透露着淡淡的哀愁与悲凉。淡抹浓妆总相宜，自嘲是好色之徒的林风眠同时运用浓重的彩色来表现艳丽的题材。彩色落在生宣纸上，立即溶化、淡化，故一般传统水墨设色多为浅绛，如今追求浓郁，林风眠经常采用水粉厚抹、色中掺墨、墨底上压色或同时在纸背面加托重色，竭力使鲜艳华丽之彩色

虚谷　壶天小隐图

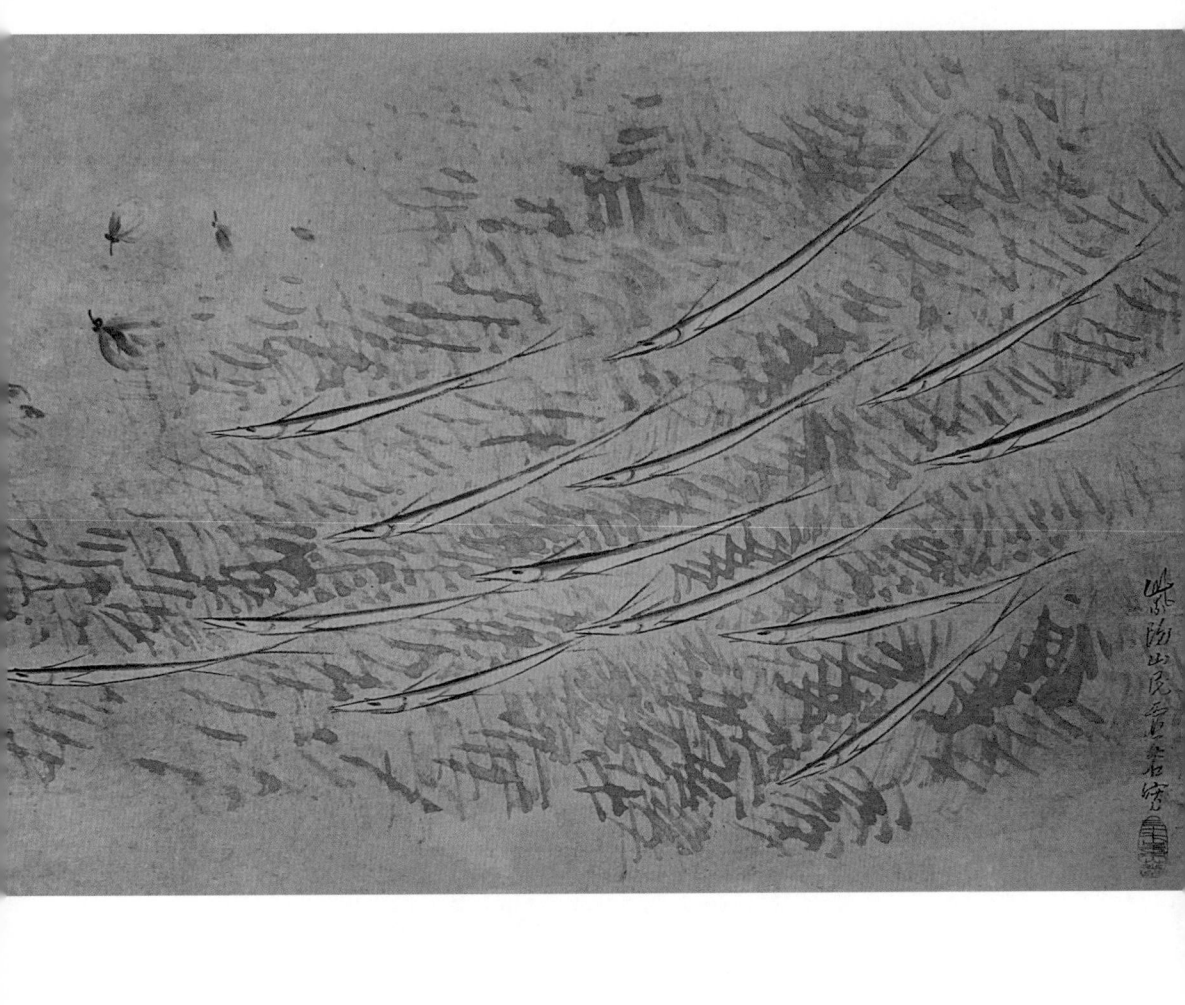

虚谷　春水鱼游

虚谷　梅花松鼠

虚谷　鹤石图

渗透入流动性极强的生宣纸，而保持厚实感。其色既吸取印象派之后色彩的冷暖转折规律，同时结合中国民间大红大绿的直观效果，寓丰富多彩于天真烂漫，严格推敲于信手涂抹。然而，华丽的彩色中依然流露着淡淡的哀愁。紧紧拥抱、相互依偎的满盆红花，遍野秋树，予人"宫花寂寞红"或"霜染红叶不是春"的惆怅；丁香、紫藤，或垂或仰，也令人有身世飘零之感；就是那杂花齐吐的庭院吧，仿佛误入"游园惊梦"的后花园，春如线，彩点中隐现着线之缭绕。

（四）童心与任性

在那极"左"思潮泛滥的年代，李可染（1907—1989）有一次无限感慨地对我说：到处见不到林风眠的作品，偶然发现在一本小朋友的刊物上印了一幅林老师的画。我听了先是同他感到同样的苦涩，但一转念，其实作品倒是找到了最理想的发表对象，童心对童心。林风眠的作品流露着一片童心，有心人虽意识到作者内心深深隐藏的哀愁，而画面上洋溢着天真烂漫，与儿童画相临。儿童画不失天真，是普及美育教学最基本的阵地，应多多诱发孩子们的美感，以比赛等方式予以适当的鼓动，促进美术教学的发展。但过分鼓吹儿童明星不切实际，违反了艺术成长的规律，有几个被捧上天的"天才"儿童后来真的成了伟大的艺术家？几乎一个也没有。过早接受技艺的训练不一定是优势，绘画艺术，技艺从属于思想感情，技艺迟早都可学到手，而感情素质的高低决定作者成就的高低，杰出的艺术家太少了，都缘于：大人者渐失其赤子之心。林风眠爱画林间小鸟，成群小鸟都缩成墨色团团或灰色团团满布画面，像孩子作画，画得多多的、满满的，淋漓尽致。小鸟都静静地乖乖地躲在叶丛或花丛中，椭圆状的花叶与团状的鸟之体形配合和谐，相亲相吻。枒杈横斜，将鸟群与花叶统统织入紧凑的构图，予人视觉形象的最大满足感。从孩子的天真、爱鸟的童心，林风眠进入形式结构的推敲与经营，但其经营与推敲之苦心，竭力不让外人知晓，外行看热闹，内行看门道，仿佛只是任性涂抹，作者于此呕尽心血。

（五）风格形成的轨迹

林风眠少年时代跟祖父打石碑，跟父亲学描绘；青年时代在法国学雕刻、学院派及现代派油画，钻研中国传统和民间艺术，他涉足古、今、中、外。在杭州艺专时期，他主要作斑斓的油画，同时作舒展流畅的水墨。那时林风眠的油画色彩厚重，笔触宽阔，以此区别于拘谨写实的作风，形成自己的面貌。但，虽也融进或多或少东方情味，仍未与西方印象派之后的野兽派、表现派等等拉开太大的距离。至于水墨，追求湿漉漉的晕染与线条穿插，构图处理仍未完全冲破传统程式的局限性。西方的油画与传统水墨间尚存在着鸿沟，作者努力在跨越这鸿沟。

1937年日军威逼杭州，林风眠偕杭校师生辗转到内地，从此跌入人民大众的底层，深深感受国破家亡的苦难。生活剧变，人生剧变，艺术开始质变。林风眠不再是国立艺术专科学校的校长，作为一个孤独寂寞的贫穷画家，他挥写残山剩水、逆水行舟、人民的挣扎、永远离不开背篓的劳动妇女……在杭州时作水墨，似乎只是油画之余的遣兴，如今在物质条件困难的重庆，无法再作油画，便大量作水墨、墨彩，墨彩成了主要的、唯一的创作手段，于是将油画所能表达的情怀通通融入墨彩的内涵中去。许多现代西方画家早已不满足于油画的厚重感与坚实感，塞尚晚期就已用轻快笔调和稀薄的色层追求松动的效果，往往连布都没有涂满。马蒂斯、丢非、郁特里罗……均力图摆脱沉重的、黏糊糊的油色与粗麻布的累赘，钟情于流畅的自由奔放的情趣，日本画、波斯画对他们显然是新颖的表现手法了。常与泥塑石雕相伴的油画爱上了新的情人——轻音乐。林风眠接来他们的新欢，将之嫁到水墨之乡，成功地创出了他们所追求的节奏感和东方韵律感相拍合的新品种，而他自己却谦逊地说：我是炒杂菜的。他用线有时如舞绸、如裂帛、如急雨，有时又极尽缠绵。当然也有只偏爱屋漏痕的人们看不惯林风眠爽利的线条。舞蹈的美感须练，歌唱的美声须练，林风眠画中的形、线、结构之美也靠练。李可染说林先生画马，用几条线表现的马，有一天最多画了九十幅。林风眠的墨彩荷负了超载分量，也因之催生了全新的表现面貌，无论从西方向东方看，从东方向西方看，都可看到独立存在的林风眠。风格之形成如大树参天，令人仰望，而其根却盘踞在广大人民的脚下。其时林风眠住在重庆南岸一家工厂仓库一角的小屋里，在公共食堂买饭，来了朋友自己加煮一小锅豆腐作为款待。

风风雨雨近一个世纪，林风眠永远在赶自己的路，前几年，将届九十高龄的林老师对我说，他正在准备再作油画，不知老之已至，他又开始新的童年期，永远天真、任性。读其晚年作品，愈来愈粗犷、丰富、充实、完整，并且他又追捕青年时代关乎社会人生的重大题材，攀登新的高度，1989年在台湾历史博物馆及1990年在日本西武的两次展出中，明显地展现了老画师的新风采。

林风眠毕生在艺术中探索中西嫁接，做出了最出色的贡献，其成功不仅缘于他对西方现代、中国古代及民间艺术的修养与爱情，更因他远离名利，在逆境中不断潜心钻研，玉壶虽碎，冰心永存。巨匠—园丁，伟大的功勋建立在孤独的默默劳动中，遗言以骨灰作花肥，诚是他生命最真实贴切的总结。

恩怨乡国情

1900年诞生于广东梅县山乡，林风眠继承了石匠祖父的勤劳与倔强。跨出山乡，跨越重洋，作为海外游子的青年艺术追求者，他永远不失炎黄子孙的东方本质，在巴黎时期就已尝试中西画结合的实践。1924年在斯特拉斯堡举办的"中国古代和现代艺术展览"中，蔡元培初晤林风眠，十分赏识其作品，他成为林风眠的伯乐。蔡元培归纳：西洋画近建筑，中国画近文学。这观点与林风眠在作品中对西方构成与中国韵味结合之探索相吻合，我想这应是蔡与林相知音的牢固基础。由于蔡元培的推荐，林风眠1925年回国任国立北京美术专科学校校长，1927年南下杭州筹建国立艺术院，后改为国立杭州艺术专科学校，任校长至1938年。在北京期间，因其艺术观点及在教学中采用裸体模特儿等一系列措施遭到时任国民政府教育部部长刘哲的严厉谴责，被迫离开北京。几年前，林老师在香港同我谈起这段往事，说1927年7月份北京的所有报纸均报道了刘哲与林风眠的争吵，情势似乎要枪毙林风眠。"白头宫女说玄宗"，林老师叙述时轻描淡写，既无愤慨也不激动。正值壮年，血气方刚，林风眠除了做身体力行的实践者外，同时又发表艺术改革的主张，但投石未曾冲破水底天，陈陈相因的保守势力与庸俗的"写实"作风总是中国艺坛的主宰势力，孤军作战的林风眠在画坛从未成为飘扬的旗帜。及唯一的伯乐蔡元培远离、逝世后，林的处境每况愈下，他从未寻找政治上的靠山，人际关系一向稀疏，其艺术呢，人们不理解，社会上不认可，其后遭到愈来愈严厉的批判。20世纪40年代初，在重庆中央图书馆举办一位走红的著名画家的个展，车如流水马如龙，盛况空前，我在展厅中偶然碰见了林老师，喜相逢，便依依紧随他看画，他悄悄独自看画，不表示任何意见。除作者因正面遭遇与他礼貌地一握手外，未见有谁与他招呼，在冷寞中我注意到他的袖口已有些破烂。

抗日战争胜利了，"即从巴峡穿巫峡，便下襄阳向洛阳"的欢乐激励着所有寓居蜀中的人，林风眠抛弃了所有的行李，只带几十公斤（飞机最大磅限）未托裱的彩墨画回到了上海，我们可以想象到他的喜悦和希望。但中国人民的苦难远远没有到头，接着来到的依旧是失望、战乱，金圆券如废纸飞扬。40年代末我已在巴黎，读到林老师给巴黎一位同学的信，得知他孤寂如故，在无可奈何中生活、工作，心情十分黯淡。

50年代后，中国知识分子经历着前所未有的考验，他们竭力适应新的社会要求。如潘天寿，已无法教授国画，只让他讲点画法，他勉力改造自己，作了一幅《送公粮》的政治图解式作品。林风眠在风景中点缀高压线，算是山河新貌，同时也表现农妇们集体劳动剥玉米之类的场面。这些出身于农村、山乡的老画家对农民是具有真挚感情的，但迫他们抛弃数十年的学术探索来作表面的歌颂，别别扭扭。百家争鸣、百花齐放的政策提出后，60年代初在上海及北京举办了林风眠画展，毁誉俱来，米谷发表了《我爱林风眠的画》一文，因此遭到长期的批判。放毒，潘多拉的匣子里放出了毒素，人们误将林风眠的画箱认作潘多拉的匣子。1987年在香港新华分社负责人招待的一次小型宴会上，大家关心地问林老平时什么时间作画，他说往往在夜间，我插嘴：我这个老学生还从未见过林老师作画。别人感到惊异，我补充：怎么可偷看鸡下蛋。满座大乐，林老师也天真地咯咯大笑，他早不介意他送的作品曾"被落选"，人们拒绝了他夜半产下的带血的蛋。

"文化大革命"中，林风眠被捕入狱四年半，没有理由，当然也无须理由。大量的精心作品先已浸入水盆、浴缸中溶成纸浆，从下水道冲走。至于油画，则早在杭州沦陷后被日军用作防雨布了。1977年，林风眠获准出国探亲，去巴西探望妻、女，其后定居香港。80年代中我多次到香港拜访林老师，谈起他在杭州玉泉的故居，浙江美院有意设法购回建立纪念馆，林老师对此显得很淡漠。他谈到离沪时上海画院扣下他一百余幅作品，他到香港后便去信申明将这批画奉献给国家。我建议可将这批作品转入杭州故居长期陈列，这样纪念馆便有实质内容，广大群众也有机会赏识老师的原作——确乎，在国内已很难见到林风眠的作品。林老师对这意见很赞同，情绪高昂。我返京后向全国政协写提案，与浙江美院联系，并到上海画院翻看了大部分作品，得到的反应都是积极的，只是浙江美院没有在故居建立陈列馆的经费。于是有爱国华侨姚美良先生捐款资助建立陈列馆，蓝图也设计好了，文化部为此举行了一个小型座谈会表示答谢和庆贺。但林老师复信婉谢资助，说他的纪念馆不重要，待国家有条件时再考虑，资助之经费宜先用来培养青年深造。有人建议将款改为林风眠奖学金，林老师说：林风眠奖学金应由我林风眠从自己口袋里拿出钱来，我不能占个空名。

1986年，华君武、王朝闻、黄苗子和我一同去拜访林老师，叙旧之外我们代表全国美术家协会邀请老师，当他认为合适的时候回来看看，永远微笑的林老师微笑着点点头。林老师离沪前寄给我一幅留念作品，画的是青蓝色调的苇塘孤雁，我当即复信，并附了一首诗：捧读画图湿泪花，青蓝盈幅难安家；浮萍苇叶经霜打，失途孤雁去复还。他终于没有归来，"雁归来"成了我悼念文的标题！

最忆是杭州

林风眠的艺术思想贯彻在其教学思想中，杭州艺专的十年教学在中国近代美术教育事业中起了独特的积极作用。只设绘画系，不分西画系和国画系，学生必须二者兼学，而以培养如何观察对象及掌握写生能力的西画为主要基础。

绘画、雕塑及图案系均须先通过三年预科的严格素描训练。在把握基本功的同时，开放西方现代艺术，图书馆里不限古典画集，学生可任意翻阅印象派到立体派诸流派。同学们对塞尚、梵高、高更、马蒂斯及毕加索早都熟悉，当然未必很理解，或只一知半解，但讨论得很起劲。20世纪30年代，这些中国人民完全陌生的怪异洋画家，在西湖之滨的小小杭州艺专的校园内受到了意外的崇敬。杭州离政治中心南京较远，全校师生陶醉在这西湖之畔的艺术之宫，似乎很少遭到干扰，从另一个角度看，这里是象牙之塔。确也有崇洋的气氛，教授们都是留法的。画集及杂志大都是法国的，教学进程也仿法国，并直接聘请了法国教授（也有英国和俄国的），学生修法语。在打开大门引进法国现代艺术的同时，林风眠聘请潘天寿教授国画，还有教授传统工笔画的张光（1878—1970）女士，都是高水平高格调的画家。林风眠只重人才，不徇私情，国立艺术专科学校是全国最高艺术学府，名声好，教师待遇高，想钻进来任教者自然很多很多。

在正规、宁静中进行教学，学生们竞争激烈，争取高才生的荣誉。下课后教室锁门，经常有学生在课外爬窗进教室去补画石膏像素描。下午课余或星期天，西湖之畔散布着写生的艺专学生，大都着校服。傍晚的宿舍里，同学们各自将当天的风景画装入镜框张挂起来，几乎天天开观摩会，看到别人画出了出色的作品，能不羡慕吗?! 学校小小动物园养有孔雀、鹰、猴子等各种动物供学生随时观察、速写，学习完全是自觉的，校方只提供条件，不要求交课外作业。学校最新的建筑是陈列馆，这是我们心目中的博物馆、圣地。其中陈列着教授们和历届毕业生的优秀作品，记得有吴大羽的《岳飞班师》、蔡威廉（1904—1939）的《费宫人刺虎》、方千民（1906—1984）的《总理授嘱图》、李超士（1894—1971）的粉画、潘天寿的国画、林风眠的油画裸体及水墨画等等。每位教师都应展出自己的代表性作品，在众目睽睽之中任人评比，水平不高的教师必然站不住脚。杭州十年，林风眠惨淡经营，在教学中竭力贯彻其中西结合的主张，并组织教师的作品去日本展出，同时考察其艺术教育。教学、创作之外，林风眠发表了《中国绘画新论》《我们所希望的国画前途》《什么是我们的坦途》等一系列呼吁改革中国画，创造新艺术的文章。

1937年，本将组织建校十周年大庆，日本侵华战争全面爆发，打破了正规的学习生活，全校师生掀起绘抗日宣传画的热潮。杭州临危，学校奉命撤离，在混乱的交通情况中，全校师生像逃难一般经浙江诸暨、江西贵溪、湖南长沙，至沅陵暂时定址开课。撤离杭州时十分仓促，陈列馆里的作品及十年来积累的重要图画、教材、资料都无法搬走，创业者林风眠的心情当不同于同学们的慌乱，他告别原哈同花园旧址的国立艺术学府及留下守门的工作人员时，当不无"最是仓皇辞庙日，教坊犹奏别离歌，垂泪对宫娥"之痛吧！至沅陵后，教育部令国立杭州艺专与国立北平艺专合并，废校长制改委员制，由林风眠、赵太侔（1889—1968）及常书鸿（1904—1994）三人任校务委员。接着发生学潮，林风眠辞职离去，留给赵太侔及常书鸿一封信，交代有关校务。教务长林文铮（1903—1989）先生对同学们宣读了这封信，我还记得其中几句……唯杭校员生随弟多年，无不念念，唯望两兄加意维护，勿使流离……同学们当时都哭了。岁月流逝，往事渐渺，当年的学生也都垂垂老矣，杭州艺专这株存活了十年的蒲公英，飞扬出去多少种子？多少种子飞到了世界各地，让有心人去统计吧，这些开花的、结果的新生代，都继承了林风眠的艺术思想。林风眠，我们伟大的宗师！

1991年

潘天寿绘画的造型特色

吴茀之（1900—1977）老师对我说："我喜欢吃甜年糕，张振铎（1908—1989）老师要吃汤年糕，潘天寿老师则爱吃炒年糕。"这是1940年前后，为躲避日本飞机轰炸，我们国立艺术专科学校迁到昆明滇池边的安江村上课，潘、吴和张三位国画老师都未带家眷，他们合租一家民房，共同请一个保姆做饭时的生活纪录。是偶然吗？这三种年糕的口味透露了三位老师当时的艺术气质，潘天寿的画口味重，汤汁都浓缩了。他常常说："要辣不要甜"，他常常说："要古"。浓、辣、古，其间有什么联系呢？视觉形象又凭什么条件和因素予人浓、辣、古的感受呢？潘天寿着眼于形象构成的主要特征，也就是形象的基本身段，他毫不可惜地扬弃外形表面的细琐变化，不爱玲珑爱质朴。前年我到昆明筇竹寺看民间艺人黎广修塑的罗汉，那神龛成了贩夫走卒及敞怀袒腹庄稼汉们拳打足踢、嬉笑怒骂的真真人间。人物刻画栩栩如生，形式处理跌宕多姿，集当风、出水传统手法之大成，我不禁手舞足蹈为之叹绝。赞叹之余却立即回忆起四十年前安江村时期，潘天寿、吴茀之、张振铎及关良老师们赶着马车去筇竹寺参观，回来后吴老师描述他们对罗汉的赞扬，但潘老师有一点看法，就是认为太巧，不拙。这并不是说潘老师贬低了黎广修，只是透露了潘的艺术气质及其个人风格特色，他自己创造的僧人则如天地洪荒一泰山。当时我这个穷学生坐不起马车，未能去筇竹寺，但潘师一句话却永远铭刻在我心中，四十年后仍是我品评艺术的杠杆。潘师自名阿寿，寿，在南方民间方言是寿头寿脑，土里土气的意思。他画石头，又大又方，亦圆亦方，总在方圆之间紧紧抱成坚硬的整块，是任凭风浪冲击后所剩余的再也冲击不动了的真真的石头。古，因为年代久远，凡经不住淘汰的一切都被淘汰了，比方古希腊的雕刻，虽臂腿折了，那段生命犹存的躯体依然令人敬仰神往，因为它顽强地兀自遗世独存！什么是雕刻？罗丹说从山上推到山下，没有被摔烂的便是雕刻。呵！这正是潘天寿造型艺术中的石头！潘天寿的艺术并非以赏心悦目为能事，他直探博大与崇高的精神世界。说得通俗简易点：古，是追求造型的单纯洗练；浓，是缘于用墨的集中与酣畅，而运笔的直劈要害令人感到泼辣得痛快！

"韩信用兵，多多益善"。我不会打仗，没有发言权来评论韩信的战略思想。但画面也正是战场，能否制胜全靠全局的指挥，局部笔墨之佳只不过如一些骁勇的战士，关键还在整个战场的部署——构图。潘师除读书、作画、吟诗、篆刻及登山之外，唯一最爱好的消遣是下围棋，他常常以围棋的布局来比方画面的构图，他特别重视空间的占领，以少取胜，严格控制面积，出奇制胜。他作画时说："我落墨处黑，我着眼处却在白。"从潘师学习多年，我认为这是他课徒最重要的一把钥匙，也正是形式法则中矛盾双方性命攸关的斗争焦点。构图中最基本、最关键、起决定作用的因素是平面分割，也就是整个画面的面积的安排处理，如果稍微忽视了这一最根本的条件，构图的失败定是不可救药的。若平面分割较均匀，对比及差距较弱较小，则往往予人平易、松弛及轻快等等感觉，江南景色便多属这一类型。我这个江南人是喜爱家乡情调的，也写生过大量的小桥流水人家，但有一回为鲁迅博物馆作一幅大幅油画时，却遭遇了出乎意外的困难。如果调动许多小景来联合成巨幅，罗列式的构图则显得毫无生气，繁琐可厌。表现景物的生动性并不困难，真真艰巨的工夫还在构图中面积的巧妙安排，也可以说首先是那黑白之间或虚实间的抽象的有机组织，它将决定气韵能不能生动的大问题。搞得好，亲切动人；搞得不好，单调乏味。如平面分割得差距大，对比强，则往往予人强烈、紧张、严肃、惊险及激动等等感觉。当然，平面分割像几何形的组合，变化是无穷无尽的，是随着自然的千变万化和作者们感受的不断深化而永远在发展着，实际情况是错综复杂的，决不能以以上两种类型来简单概括问题，我只是认为潘天寿的构图是比较明显地属于后一类型的。记得潘师当年常说："纸头要么方一点，要么长一点，不方不长最讨厌。"这是他的原话（他口头语说纸是纸头），这也可说是他对构图的基本观点吧，从实践中我体会到他喜欢方的饱满和长的伸直，用他自己的话来说也就是"势"，无论用虚或用实，他总是牢牢控制着整个战场的势。然而他立意构思一幅画是很苦的。大家都说他的构图奇突，但他惨淡经营一幅构图往往是经过多年，甚至几十年的孕育与推敲的。我从他学习时，他还是四十来岁的壮年，那时他创作中的构图如《竹谷图》《孤松矮屋老夫家》《一声鸿雁中天落，秋与江涛天外看》已令人拜倒，但其后他一直在这些构图的基础上一再创作，不断改进发展，精益求精或粗益求粗。抗战期间在云南时，他自题荷花："往事不堪重记忆，十年一幅旧荷花。"在他的慨叹之余应看到他对旧构图的新处理。潘师作画思考多于动手，在云南和四川期间，他作画不算太多，他自己说："世界不好，等世界好了要画几张好画！"这是指抗战时期时局不稳，生活颠沛，作画的心情和条件都受局限，但我们体会到他永远在寻找自己的路，解放后他大量作品的涌现不是偶然现象！因为他力求立意新，因为他决不肯落常套，因为他构图往往惊险，平常口头语更说先造险，再破险。其实这家常语的背后是包含复杂的立意、构思、构图、面积分割及"超其象外，得其寰中"等等创作规律和创作过程的。但我遇到过不少青年，他们在简单地传抄潘天寿这句话，先造险，变成了先冒险，这多半要流于荒诞的。

潘天寿很喜爱石涛，他早期作品受石涛的影响较深，他也经常要我们多临摹石涛、石谿（1612—?）及弘仁（1610—1664）等人的作品。我们

石谿　松岩楼阁图

同学大都偏爱石涛和八大山人，这与潘师的指导是有密切关系的。后来我慢慢探索潘天寿与石涛之间的关系，找到了他们在造型方面的一个基本共同点。传统山水画大都是表现千山万水层峦叠嶂的气势，基本上是中景和远景，山峰或树木之间的大小差距不太大，虽然具有可游可寻的佳境，但往往诗意重于画意，未能表达人们对视觉形象的强烈感受。石涛扬弃了遥远俯视式的习惯描写，他在山水画中着眼于富形象特色的山石树木与房屋，将之作为特写镜头来表现，因之他的山水多画近景，身段鲜明，墨色浓郁。他紧紧抓住大自然的眉眼特征，认真当作具有人物性格的肖像来抒写。潘天寿则从这个出发点更向造型特色方面发展，如将石涛比之罗丹，则潘天寿近乎波尔特尔了！造型造型，从描写景物升到了造型的创造，这造型的创造正是现代世界美术中的主流，如果将潘画与西方现代绘画中某些精华作品对照研究，可找到其间有许多契合的因素，特别在结构方面与立体派中某些倾向更是不谋而合；尽管东西方的生活习惯和思想感情有差异，但造型艺术这视觉形象的科学毕竟有极大的共同性，那是世界语。人们都说潘画意境深，格调高，是的，意境是深，格调是高；但我认为潘画的主要特色是造型性强，画意重于诗意。潘师题款时全神贯注于全局形式的统一，因之往往易脱落字句，便另补一项："×

下夺×字",这在潘画上是最常见的现象。

潘天寿在表现手法中特别重视对比。他常说:"用墨要么枯一点,要么润一点,不枯不润就乏味。""用色要么索性浓,要么清淡些。"道理不复杂,但他在实践中的杰出成就远远超出了绘画的寻常法则。他重视的对比不是局部范围内的对比,而是着眼于全局的对比,一只苍鹰通体都是淡墨,只眉眼用浓墨,紧跟着衬以成片的乌黑浓酣的松针。他的多幅雁荡山花卉大都取粗笨的石头与尖锐的枝叶的抽象对照美,或各种不同种类花叶之间的块与线的交错穿插美。他爱用指画,这除了屋漏痕式的古拙趣外,最易发挥线与面之间的肥瘦对比及线本身的坚硬扭曲之美。潘天寿的造型主要是线造型,他的团块的基石也主要是靠线构成的,只大片的荷叶或鱼鹰等鸟类用宽大的浓、淡墨块铺成。他设色艳而不俗,这主要缘于掌握了鲜明色彩与黑(墨)、白(纸色)、灰(淡墨)之间的对比与和谐的矛盾统一。他艳色用得少,但落纸却像宝石似的发亮。他的红色如红莲或山花多半落在白底上,或与银灰色的淡墨为邻,发挥了红与白或红与银灰的衬托效果。当以青绿为主调时,他镶嵌以少量星星点点的宝石红,像《小龙湫下一角》就是一例。他用赭石染石头,又用朱砂染霜叶,配以胭脂山花组成了暖色基调,其间点染着稀疏的石青石绿草叶,这种色彩的节奏感也同于油画用色的浓缩与概括,远非随类敷彩的抄袭自然色彩的老套可比。

潘师授课期间,我

弘仁　秋江幽居图

们谈得最多的除石涛外便是八大山人，在师友们的熏陶下，我一开始也爱上了八大山人，但除了遗民、气节、郁勃之气等等人的品质外，八大山人的造型特色是什么？直至今天我才开始有些明悟。我认为八大山人是我国传统画家中进入抽象美领域最深远的探索者。凭黑白墨趣，凭线底动荡透露了作者内心的不宁与哀思。他的石头往往头重脚轻，下部甚至是尖的，它是停留不住的，它在滚动，即将滚去！他笔下的瓜也放不稳，浅色椭圆的瓜上伏一只黑色椭圆的鸟，再凭瓜蒂与鸟眼的配合，构成了八卦图中太极图案式的抽象美。一反常规和常理，他画松树到根部偏偏狭窄起来，大树无根基，如游龙欲腾空而去。一枝兰花，条条荷茎，都只在飘忽中略显身影；加之，作者多半用淡墨与简笔来抒写，更

八大山人　山水花鸟图册之一

八大山人　书画册之二

构成扑朔迷离的梦里境界。潘天寿长期在研究八大山人，也就在昆明期间，他有一次看到了许多担当和尚（1593—1673）的画，回来后谈论得特别兴奋，我当时不知担当是谁，因之便记住了他的名。前年到昆明博物馆，看到了担当不少真迹，他与八大山人何其相似乃尔，使我立即回忆起

当年潘师对担当的反应。在花鸟中，潘天寿是受了八大山人影响的，我记得他常画一双伏着不动的鸟，鸟的造型很有几分像八大山人的，但题款："不是闲来欲睡，且休息，试作冲霄飞。"他赞赏八大山人造型的简洁洗练和笔墨的不落窠臼，我看他用疏疏的行书题款倒很有些八大山人画法的潇洒之姿，但绘画造型的基本立足点他们是不同的，甚至是相反的。八大山人的画基于动，表达流逝的美，他努力在形象中追求不定型；潘画立足于稳、静及恒久，着意于铸型，他一再画雨后山水，一再题这句款："雨后千山铁铸成"。

担当　旅泊图

犹如别人，我青年时代被强烈的求知欲驱使着，学西画、学国画，又学西画，最后离开潘师到西方去探宝了。在巴黎美术学院，我的老师苏弗尔皮的艺术道路是与勃拉克相近的，他特别启发我对"量感美"及"组织结构美"的追求，他并说："艺术有两类，一类是小道，它娱人眼目，另一类是大道，它震撼心魂。"我明悟到潘师的艺术道路正是后者！当我逐渐跨过油彩与水墨等等各种工具性能的局限后，感到根本的问题是艺术气质，东西方的隔阂是人为的，总有一天潘天寿的画展出现于西方时，将引起西方画坛的强烈反应！

抗战时期学校迁到云南和四川的农村上课时，潘师未带家属，所以我们几个接近他的学生往往不分朝暮经常出入于他租住的农民之家，不仅跟他学画，他还教书法、美术史、诗词，我对平仄的辨认也还是他逐字逐句亲授的。后来他回浙江探亲，我们这些穿着草鞋的穷学生依依不舍步行送他到青木关，想抢着替他挑行李，"半肩行李半肩诗"，他连半肩行李也不够！我前年到昆明，去年到北碚，都曾专车去安江村和璧山寻访潘师的旧居，遗憾的是未能访到他当年的老房东！林彪、"四人帮"时期，我们都在河北农村劳动，一切与外界隔绝，消息闭塞，1972年后我才获悉潘师死讯！我的一个学生告我这个噩耗后希望我作一幅纪念潘师的画送他，我久不作水墨，就仍照当年学生时代老师的风格作了幅画，并满满题了一大篇字，现在这位同学还珍藏着这幅画，而我自己仍能一字不误地背出那篇题款："少年时，求学杭州艺校，曾从潘天寿师学国画，获益匪浅，后我专攻洋人之洋画，为求绘画之真谛，远渡重洋，寻今访古，悟道不多，而寿师之作始终如明灯照我！王军同学随我学彩绘，今又强我作国画，自离寿师，数十年来未作墨画，寿师新故，作画念之，不知是哀是痛！"

载香港《明报月刊》1980年第9期

吴大羽
——被遗忘、被发现的星

性格决定命运。

吴大羽（1903—1988）老师逝世已整整八年，他似乎只在我们一些老学生的脑海中闪光，待我们陆续死去，吴大羽是否也将消灭！我曾以《孤独者》为题写过一篇悼念他的文章，文章结尾谈到他终于死去了，而他曾坚信他是永远不会死去的。他曾涉猎古今中外的哲学，探索儒、释、道的真谛，但他不是基督教徒，不是佛教徒，也非老庄门下，他只是生命的宗教徒。用他女儿的话说：他并不遁世于老庄儒释之中，他最终还保留他的童真，尽管生活应该使他成为一个"老人"。然而，在他逝世前多年，几十年，他早已被挤出熙攘人间，躲进小楼成一统，倔强的老师在贫病中读、画、思索。佼佼者易折，宁折，勿屈，身心只由自主，但他曾在给我的书信中说：长耘于空漠。

20世纪二三十年代西方绘画被引进中国，对中国绘画起了巨大的催化作用。中国人见到了未曾见过的模样儿像、颜色又逼真的西洋画，外国来的洋画片及留洋回来的画家们介绍的，也基本属这类人们易于接受的作品范畴。毕竟当时我们同西方太隔膜了，去留学的或迷失于花花世界，何取何舍，往往深入宝山空手回。技与艺的关系在我国传统绘画中也早有人重视，石涛在画语录中对技与艺的关系做了最精辟最明确最尖锐的阐述。19世纪的欧洲艺术在吸取东方和非洲营养之后，起了审美观的剧变、发展。中国人开始也同当年法国市民一样看不懂印象派的作品，所见只是画面上的"鬼打架"，所以刘海粟在国内开油画展时说明书上要请观众离画面十三步半去欣赏，才能获得这"远看西洋画之美"。但中国人不乏聪明才智，林风眠、吴大羽、庞薰琹（1906—1985）、常玉（1900—1966）等留法学艺青年很快体会到了欧洲近代艺术的精华，他们不再停滞于蒸汽机时代的西洋画。

中国创办西方模式的美术学校了，教什么样的西方美术呢？见仁见智，于是展开了大论战。我的中学时代，就经常在报纸上见到刘海粟和徐悲鸿的笔战，几乎成为一桩社会公案。我学艺于林风眠创办的国立杭州艺专，林风眠对欧洲现代艺术采取开放、吸取的方针；但他重视造型基础训练，学生必须经过三年预科严格的素描锻炼。与现实社会有着较大的隔膜，校内师生一味陶醉于现代艺术的研讨，校图书馆里莫奈（1840—1926）、塞尚、梵高、高更、马蒂斯、毕加索……的画册永远被学生抢阅，这些为一般中国人全不知晓的洋画家却扬名在西湖之滨的象牙之塔里，受到一群赤子之心的学生们的崇拜。林风眠是校长，须掌舵，忙于校务，直接授课不多，西画教授主要有蔡威廉、方干民、李超士、法国画家克罗多等等，而威望最高的则是吴大羽，他是杭州艺专的旗帜，杭州艺专则是介绍西方现代艺术的旗帜，在现代中国美术史上做出了不可磨灭的功绩。吴大羽威望的建立基于两方面，一是他作品中强烈的个性及色彩之绚丽，二是他讲课的魅力。他的巨幅创作《岳飞班师》及《井》等等都已毁于抗日战争中，未曾出版，连照片都没有留下，只留存在我们这些垂垂老兮的学生回忆中。《岳飞班师》是表现岳飞被召撤兵，但老百姓阻拦于道路，我记得题目标签上写的是："相公去，吾侪无……"（后几个字已忘却）马上的岳飞垂头沉思了，百姓们展臂挡住了他的坐骑。红、黄、白等鲜明的暖色调予人壮烈、刺激的悲剧气氛，我无法查证作者是否系对日侵略不抵抗时期的义愤宣泄。当我后来在卢浮宫看到德拉克洛瓦的《十字军占领君士坦丁堡》时，仍时时联想起这幅消失了的《岳飞班师》。《井》表现井边汲水、担水的人们，蓝绿色调，画面水桶、扁担纵横，好像赤膊者居多，是生活的拼搏，是人间艰辛。每当我看到塞尚的大幅拼图时，总不自觉回忆到

德拉克洛瓦　十字军占领君士坦丁堡（1840年）

冷暖对比强烈的《井》。无疑，吴大羽曾涉足德拉克洛瓦、塞尚、毕加索等人的道路，尤其是塞尚，他谈得最多，他早期作品如《女孩像》等也与塞尚有异曲同工之品位。吴大羽着力于形与色，着意于构思。当全校师生掀起抗日宣传画高潮时，吴大羽在大幅画布上只画一只鲜红的展开五指的巨大血手，像透着阳光看到血在奔流的通红的手。恐怕是唯一的一次，他在手指间书写了题词，大意是：我们的国防，不在东南的海疆，不在西北的高冈……而在我们的血手上。除了绚丽、奔放的作品引发青年学子的爱戴，同学们崇敬他在教学中循循善诱，总以源源不绝的生动比喻阐明艺术之真谛、画道之航向，他永远着眼于启发。引他的原话："……美在天上，有如

塞尚　抱着娃娃的女孩（1894—1895年）

云朵，落人心目，一经剪裁，著根成艺。艺教之用，比诸培植灌浇，野生草木，不需培养，自能生长，绘教之有法则，自非用以桎梏人性，驱人入彀聚歼人之感情活动。当其不能展动肘袖不能创发新生即足为历史累。譬如导游必先高瞻远瞩，熟悉世道，然后能针指长程，竭我区区，启彼以无限。更须解脱行者羁束，宽放其衣履，行人上道，或取捷径或就旁通，越涉奔腾，应令无阻。画道万千，如自然万象之杂，如各人心目之异，无待乎同归……培育天分事业……不尽同于造匠，拽蹄倒驰，骈骝且蹐，助长无功，徒槁苗本，明悟缠足裹首之害，不始自我……作画作者品质第一，情绪既萌，画意随至，法逐意生，意须经磨砺中发旺，故作格之完成亦即手法之圆熟。课习为予初习以方便，比如学步孩子之凭所扶倚得助于人者少，出于己者多。故此法此意根着于我，由于精神方面之长进未如生理发育之自然，必须潜行意力，不习或不认真习或不得其道而习者，俱无可幸致，及既得之，人亦不能夺，一如人之自得其步伐……美丑之两端，时乖千里，时决一绳……""新旧之际无怨讼，唯真与伪为大敌……"亲身听过大羽老师教课、谈话的同学们更永远不会忘记他那激动的情绪、火热的童心，我们矢志追随他进入艺术的伊甸园。

卢沟桥的炮声将我们统统逐出了伊甸园，杭州艺专于1937年冬迁往内地，开始了流亡教学的艰辛历程。经过杭州艺专和北平艺专合并后的人事变动及学潮，在沅陵时期林风眠辞去了，蔡威廉病逝了，林文铮走了，刘开渠（1904—1993）走了……吴大羽尚未到达。到昆明复课时改由滕固（1901—1941）任校长，其时吴大羽也抵达了昆明，但滕固却没有续聘吴大羽。我们学生多次到大羽老师寓所希望他回校任教，他也同意回校，并表示大家不用怕条件艰苦，他愿将衣物都卖掉来教学。然而滕固表面上对我们说同意聘吴老师，但迟迟不发聘书，此中文章我们猜不透，这位写过《唐宋绘画史》的创造社成员是否不同意吴大羽及林风眠创导的艺术教学路线，他说常书鸿先生就是我国第一流画家，其时常老师正坐在他一旁。

吴大羽致吴冠中、朱德群的信

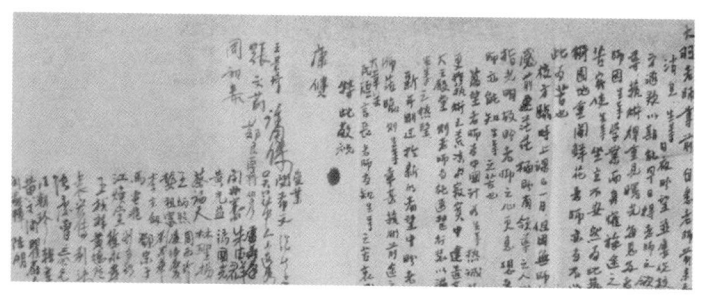

学生联名给吴大羽信件

其后吴大羽回上海去了。滕固病逝，合并后的国立艺专改由吕凤子（1886—1959）继任校长，校址迁至四川青木关。我们高年级学生又竭力向吕校长建议聘请吴大羽。吕凤子搞中国书画，不介入西洋画的派系之争，无成见，且推崇独创性，他真心接受了学生们的请求，决定聘请已远在上海的吴大羽，连路费也通过曲折的渠道托人转汇去上海。为此，我和朱德群（1920—2014）、闵希文（1918—2013）等最为积极，由我执笔和大羽师不断联络通信。大羽师感于青年学子的嗷嗷待哺之情，决定去四川任教，但交通阻隔，实际情况困难重重，最后仍不能成行，路费也未领取。就在这时期，我们读到他不少论艺的信札，像《圣经》似的，我永远随身带着这些墨迹，一直带到巴黎，又带回北京，最后毁于"文革"。不意今日在大羽师家里还留有部分信札的初稿，这些信稿被抄家后又发回，残缺不全，涂改甚多，但令我惊讶的，是他对复信的认真推敲，他其实是在写授课讲义，同时吐露了他对艺术、对人生的心声，他似乎只对赤子之心的青年学子吐心声。

世事沧桑，我1950年从巴黎回到了北京。在巴黎时与大羽师还有些通信，抵京后与一直住在上海的老师反倒鱼雁甚稀了——彼此都在被批判中。每次过上海，我必去看他，但因总是来去匆匆，万语千言不知从何说起。有一次我看过他后返京没几天，便接到他的信，说："你留沪之日太短，没给我言笑从容，积想未倾……"读罢，别是一番滋味在心头。每次到他家总想看到他的作品，他总说没满意的，只偶或见到一二幅半具象半抽象的小幅，到他工作的单位油画雕塑室去找，也只见到极少几幅小幅，事实上，只保留给他二间小房，他能作大幅吗？我感到寻寻觅觅、冷冷清清、凄凄惨惨戚戚的悲凉。

直至1984年六届全国美展评选中，我见到了大羽师的近作《色草》。画面是案头的花，是草是花？色在流转，形在跳跃，冲出了窗前，飞向寰宇，又回归知音者的怀里！是一种印象，是感受的捕获，是西方的抽象，是中国的意象，无须寻找依据，也难于归类，或说归于"静物"，英文名静物为"静静的生命"（still life），法文则名"死去的自然"（nature morte），这都与《色草》格格不入。倒是画题"色草"引我思索良久，是色是草，是色彩世界的野草，非人工培养的受宠的艳花。当然，画题只是画外音，可有，可无，倒是应排斥废话、多余的话，因感受只凭画面透露。当画面凝聚成完美之整体结构时，那是形与色的拥抱与交融，其间没语言的余地。美术杂志发表了吴大羽一幅题名《滂沱》的作品，将画印颠倒了，编辑部向吴老师道歉，他却说无关紧要，从月球上看过来，就无所谓正与倒。康定斯基就从自己一幅倒置的作品中受启迪而探索造型艺术的抽象因素，视觉语言和口头语言开始分居。

《色草》和《滂沱》真是凤毛麟角，人们盼望能见到吴大羽更多的作品，但后来听到的是他的病，咯血，目疾，他遗句："白内自内障，不许染丹青"，最后来的是他的死讯。一代才华消逝了，就这样默默消逝了，有远见卓识的引进西方现代美术的猛士将被遗忘了！

最近，突然，传来惊人的消息：发现了吴大羽留下的四五十件油画。当我看到这批作品的照片及幻灯片时，无须寻找签名，立即感到确乎是那颗火热的心脏在跳动。画面设色浓郁，对比鲜明，动感强烈。表现了花、鸟、物、人……欲辨已忘形，或隐或现，形象统统卷入了音响的节律之中，用他自己的话："飞光嚼采韵"，再读他1940年代给我书信的部分底稿:"……示露到人眼目的,只能限于隐晦的势象,这势象之美,冰清玉洁,含着不具形质的重感,比诸建筑的体势而抽象之,又像乐曲传影到眼前,荡漾着无音响的韵致,类乎舞蹈美的留其姿动于静止,似佳句而不予其文字,他具有各种艺术门面的仿佛……"当年他提出了"势象",这"势象"一词应是他自己创造的,其旁的加重线也是原稿上原有的。象,形象,融进了势的运动,也就是说,人们形象在心魂的翻腾中被吞吐,被变形了。

鱼目混珠,应该是易于识别的,今日东施效颦的抽象状貌绘画汗牛充栋。乍看吴大羽的画似乎也近西方风格,然一经品尝,才体会到是东方韵致的发扬。他又几次谈到书法,认为书法在艺术上的追求虽甚隐晦,似无关切于眼前物象,但确是挥发形象美的基地,属于精炼的高贵艺术。引他原话:"……更因为那寄生于符记的势象美,比水性还难于捕捉,常使身跟其后的造像艺术绘画疲惫于追逐的。"他同时谈到书法又缺少绘画另一面的要素,即画眼观,也就是绘画上必需的画境。至此,我们基本领悟了吴大羽在具象与抽象、西方和东方、客观与自我之间探索、搏斗的艰苦、孤独的历程。他说他长耘于空漠,而李政道等杰出科学家也说正是在空漠中由猜臆而探寻到永恒的真实。我们再度面临油画民族化或中西结合的老问题、大问题。郎世宁用笔墨工具结合西洋的明暗写实技法描摹中国画中常见的题材,他全不体会中国高层次的审美品位;李曼峰(1913—1988)用油画材料摹仿水墨效果,我远远看到他的油画时,误认为是常见的中国画;林风眠从融汇东西方的审美观出发创造了独特的风格,他的风格终于逐渐被中国人民接受、赞扬了。创造中国特色的油画,走油画中的东方之路已是中国艺术家的职责,感情职责、良心职责。而东方之路真是画道万千,如宇宙万象之杂,如各人心目之异。吴大羽以中国的"韵"吞食、消化西方的形与色,蛇吞象,这"韵"之蛇终将吞进形与色之"象",虽艰巨,几代人的接力,必将创造出奇观来,长耘于空漠的吴大羽终将见到空漠中的辉煌，他终将见到，因他坚信他永远不会死去。

被发现的这数十件遗作看来大都属20世纪70年代末至80年代的作品，与《色草》《滂沱》基本属同一时期。"文革"前，60年代他作了五百余件粉蜡笔画，被抄家后并未发回，不知今日是否尚存人间。人们，画家朋友们，你们能相信吗？吴大羽在所有的作品上全无签名，也无日期。他缘何在逆境中悄悄作画，在陋室中吐血作画，甚至当我们这些毕生追随他的老学生去看他时也不出示他血淋淋的胎儿了，他咀嚼着黄连离去了，虽然他在作品中表现的是"飞光嚼采韵"。

"我是永远不会死去的！"永远在我耳中回响，我要呼叫：他是永远不会死去的！感谢大未来画廊出版这集《吴大羽》画集，填补了现代中国美术史上一个关键性的空白。我想捧读画集时热泪盈眶的读者当不止是我们少数老学生吧！

1996年

陈之佛

我只记得大意了，鲁迅说：躯体的巨大愈远而愈见其小，精神的伟大愈远则愈见其光辉。在陈之佛（1896—1962）一百一十周年诞辰回忆老师，我已经感到要以伟大来称颂这位令人敬佩的前辈。

20世纪30年代学艺之初，读过陈之佛著关于美术史、图案构成、艺术概论等等的启蒙读物，后来才知他主要是一位颇具特色的著名工笔画家。1942年我将毕业于国立艺专，时任校长吕凤子属传统画家，但个性鲜明，力主创新，对西洋画更无派系之成见。承蒙他对我的青睐，说定要留我在校任助教。我心里感激，因当时工作难找，留校任教是美差。但刚到暑假，吕凤子卸职了，部派陈之佛继任校长。吕凤子特为我写了封介绍信向陈之佛推荐仍聘任我。我持信找到沙坪坝陈家，陈读信后满面笑容，满口欢迎我留校。陈时任中央大学的教授，属徐悲鸿的势力范围，徐派师生当对林风眠系统的师生是"格格不入"的，而陈之佛却亲切真诚地对待我这个异派青年，我感到这位矮矮的老人确具学者风度，更怀慈母心肠。后来我因接受了重庆大学建筑系助教的聘书，为了到与重庆大学比邻的中央大学旁听法文及文史课程，我放弃了母校的教职，但应到陈老家说明原由并感谢他的盛意。本不相识的陈之佛给我留下一个终生难忘的印象。

陈之佛任艺专校长，但他家仍住沙坪坝中央大学宿舍内，与艺专隔着嘉陵江，往返须渡江。我住沙坪坝重庆大学助教宿舍，遇合适的假期就去陈老师家拜访，听他谈为人从艺的金玉之言。他说：艺术家无艺术的修养，这是"假艺术家"；人而无艺术的修养，无以名之，名之曰"废人"，所谓废人，并非五官四肢缺了一端，而是缺少了一点"人格"。

先，我对工笔画并不重视，觉得精力都用在"工细"上，离艺术愈来愈远。但陈之佛的工笔画却具写意画的情趣，画面品味多样：纷繁飘荡的柳叶，秋风吹拂的芦花，新篁摇曳，修竹挺立，禽鸟聚散，乱荷穿插……他的作品繁中求动，有异于一般工笔画专注于物象的描摹刻画而效果往往如模型般呆滞。分析陈老的表现手法，他用大弧线、直线、曲线、折线、块面对照、线面之撞击与拥抱……这些展拓了的表现手法与吸取了西方的构成及日本的装饰风有因缘。陈老设色雅致、素净，即或许多红花绿叶、蓝翎鲜果，亦皆融入全局之谐和中，这是众所周知的陈画特色。寓艳于雅，是独创之果，是陈家意境。

我认为最具代表性的作品是巨幅《松龄鹤寿》（1959年作，148cm×296cm），画面左右横向展开十只丹顶鹤，因姿势动态之异，鹤体十块白色构成多变而又整合之造型主体。十个伸曲、回旋之长长黑色颈项及许多黑色交错的瘦长的腿，更加尾部的乌黑羽毛之群，托出了白块之素净力度。强烈的黑白对照、曲直对照已发挥了绘画之能量。鹤之丹顶只是锦上添花；背景之松，也缘传统之衣钵、人情之依托。我初见此作，感到震惊，是传统题材被现代造型手法改进的范例，更是传统审美观的扩展。原作不知今存何处，我每次在人大会堂江苏厅大门口看到此作的苏绣复制品，总多次徘徊观摩。

抄袭不是继承，但前人创造的硕果必须研究、发扬，袁隆平的杂交品种不会就停留在今天的水平上。但从不自我宣扬的陈之佛似乎渐被今天五花八门媒体炒作淹没，目前只有喻继高先生及陈老的女儿修范女婿李有光先生等人在卫护、抢救。真金不怕火，但人们应及时提高识别金子的眼力。

我年轻时不关心工笔画，我认识、尊敬陈之佛老师是认定他是一个胸怀宽阔的艺术教育家，尤其明显感到他人品高尚，所以有机会便想听他的教导。日本投降后，1946年夏，教育部在南京、上海、广州、昆明、武汉、西安、重庆、北平、沈阳九大城市设考区招考公费留学生，留学国有美、英、法、瑞士、丹麦，科目包括理、工、医、法、哲学、文学、绘画、音乐等，定额录取共一百余人，其中绘画二名。我于1946年暑天在重庆沙坪坝考区参考，约10月份在南京教育部发榜，我见榜上有名，喜极。到陈之佛老师家（他亦已迁返南京）报喜，他问我美术史答卷情况，我背了几段自己的论文，他大喜，说他正是部聘美术史评卷者，有一份最佳答卷，他批了九十几分，原来就是我的，我泪湿。后，我结婚，请他证婚，他欣然允诺，并在我纪念册上作了一幅精致的猩红茶花及一双小鸟。显然他对我这个年轻人是偏爱了。但，他并未说，我不可能想象，所有的人都不可能想象，他在教育部判卷过程中亲自用毛笔抄录了那份答卷，抄录当时他也不知答卷者是谁。这份手抄卷一直保存在他家中，他女儿修范婿有光也一直珍视父亲留下的文物资料，却始终不知这份答卷的作者。最近他们偶然在我的文集中发现我提及与陈老的往事，并谈及考卷故事，他们才揭开谜底，与我联系后，寄来了抄录稿的复印件。我和几个朋友仔细译成清晰字体，有些模糊处大家日夜推敲，终于字字清晰，轻松易读了。一个甲子转回来，我看到了自己年轻时的风貌，道是无情却有情，历史这面镜子恩赐我窥视了淹没已六十年甚至永远的往事。

陈之佛用毛笔精心地抄录这份不知名青年的一千八百字的试卷，有什么作用？用心何在？只是一直珍藏在家。一个教育家对教育发展的期望近乎一个虔诚的宗教徒了！陈老关怀教育，关怀美术发展，真是一片冰心在玉壶，答卷人是谁无所谓，但对年轻人的水平和思想却视如珍宝。这样的长者、贤者，我愿颂之为伟大的美术教育家。

载《文汇报》2006年4月25日

附：陈之佛抄录的吴冠中留学考试试卷

试言中国山水画兴于何时盛于何时并说明其原因

　　吾国山水画始作于晋之顾恺之，但仅作人物之背景，非用以作独立之题材者，就此已为吾国风景入画之嚆矢。

　　五胡乱华之际，晋室南迁，一般士大夫均随之南下，感于江南风物之秀丽，山色湖光，处处入画，于是乃助成山水画之兴起。且其时崇黄老，尚清谈，爱静美；静美者，山水也，更加时值乱世，杀伐连年，人民生活不安，一般洁身自好之士均隐迹山林，朝夕与烟霞泉石为伍，习之近，爱之专，山水画自不得不兴起。迄于南朝其势更甚，宋时即有宗炳、王微等山水专门作家出，齐之谢赫更归纳绘画之批评、技巧学习方法等于六法之中，曰气韵生动，曰骨法用笔，曰经营位置，曰随类敷彩，曰传模移写，曰应物象形，此六法者虽对整个绘画而言，但其主旨及含义似针对山水画而发，于是吾国山水画之格法大备。

　　此时之山水不过粗具规模，不合物理画理之处甚多，或人大于山，或水不容舟，其真真独特面目之完成则有待于唐之吴道子及李思训、王摩诘出，始奠定吾国山水画坚固之基础而达于盛期。唐时国势强盛，海内太

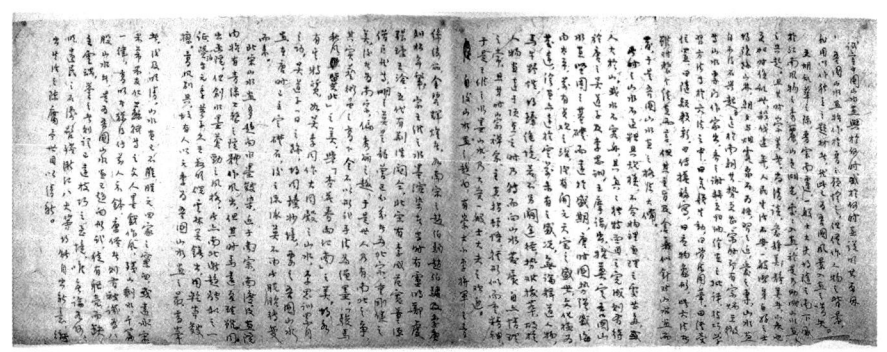

陈之佛抄录的吴冠中1946年参加官费留学考试试卷手迹

平，前有贞观之治，后有开元天宝之盛世，文化极为发达，绘画亦达于空前未有之盛况，无论释道人物、马牛野性，均臻绝境，若不另辟途径，势难拔萃。故于人物画达于顶点之时乃转而向山水发展自亦情理之常，且其时崇禅宗，主直指顿悟，轻形似而重精神，于是王维之水墨山水，乃大受一般士大夫之欢迎。

自后山水画之趋向，有崇大小李将军之青绿绮丽、金碧辉煌者，如南宋之赵伯驹、赵伯骕及李唐刘松年辈；宗王维之水墨渲染者当时有卢鸿、郑虔、张璪、王洽，五代有荆浩、关仝，北宋有李成、范宽、董源、僧巨然等。明之莫是龙曾区分前者为北宗，重刚健之美；后者为南宗，偏秀丽之趣，于是世人乃有南北之争。其实艺术品之高下全不以形式手法为绳墨，"骏马秋风冀北"之美，与"杏花春雨江南"之美，均各有其特质。如吴李同作大同殿之山水，李思训累月之功，吴道子一日之迹，均同臻妙境，要之吾国山水画在唐时已立定基石，后之流派莫不由此脱胎转变而来。

北宋山水画多趋向水墨皴染，近于南宗，南渡后画院内始有青绿工整之院体作风出，但其时马远、夏珪虽同出画院，但创水墨苍劲之风格。此亦南北渐趋融和之一证，暨洎乎元季黄子久、王叔明、倪云林、吴镇出，用干笔皴擦，高风别具，故有人以元季为吾国山水画之最高峰者。后及明清，山水画已不能脱元四家之窠臼，或远承宋米芾、米友仁、苏轼等之文人墨戏作风，残山剩水，千篇一律，高明者犹得传前人衣钵，庸俗者则有被讥为八股山水者。是为吾国山水画已趋向形式，徒有躯壳而缺乏灵魂，誉之者则谓已达技巧之至境；唯无论如何，明遗民之石涛、髡残、渐江、八大等均能自出新意，冲出生活之陈腐予世目以清新。

意大利文艺复兴对于后世西洋美术有何影响试略论之

　　文艺复兴之意义，不仅为恢复希腊、罗马人之智识文艺，其精意实为"人"之发现，即"自我"之觉悟，因中古时代一切均隶属于教会，无论身体思想均不得自由，人民几已忘却"我"之存在，唯祈求来世之幸福，故其精神为非现世的。文艺复兴则为此中世文明之否定，以人为世界之主人，一切均力求现世之享受，故为现实的，以此精神创造种种文化艺术，自皆以"人"为本位，其后此风披覆全欧，乃奠定西洋美术现实的、人本的之立足点。

　　近世绘画之渊源，自当推意大利之文艺复兴时代，其时佛朗多、荷兰、法兰西、德意志、西班牙等国画人均群趋于 Florence 及 Venice 二地留学，一如今之艺人麕磨集于巴黎者然，如 Velasquez 之取法 Tintoretto，Goya 之取法于 Tiepolo，Rubens 之取法 Titian，而此三人者后为十九世纪西洋绘画之先导。故若说威尼斯之绘画迄今而未绝亦无不

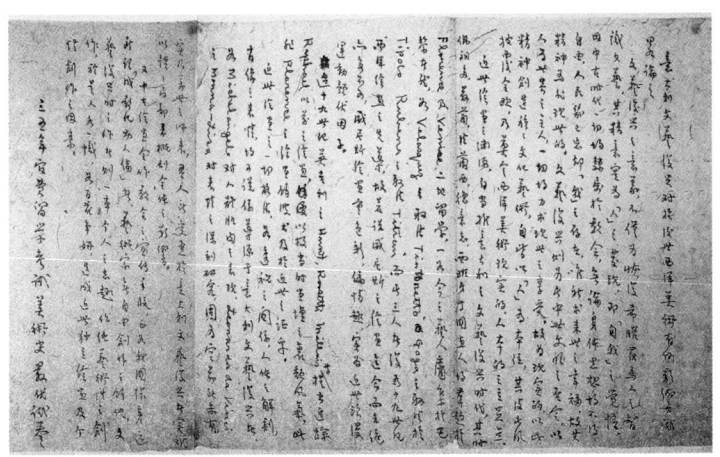

陈之佛抄录的吴冠中1946年参加官费留学考试试卷手迹

可，威尼斯绘画重色彩，偏情趣，实为近世浪漫运动预伏因子。

迨十九世纪英吉利之Hunt、Rossetti、Millais等提出追踪Raphael以前之绘画，以救当时画坛之衰颓风气，此非Florence之绘画余波尤及于近世之证乎。

近世绘画之一切格法，如透视之关系、人体之解剖、肖像之表情，均可说系导源于意大利文艺复兴者，如Michelangelo对人体肌肉之表现，Leonardo da Vinci之Mona Lisa对表情之深刻研究，固为空前所未有，实乃万世之师表，吾人所受惠于意大利文艺复兴者实难以种种局部来概括全体之影响。

又中古绘画全作教会之宣传手段，正如我国张彦远所记"成教化助人伦"者，艺术家无自由创作之余地，文艺复兴时之作者则一本个人之志趣，作纯艺术性之创作，于是人各一帜，如百花争妍，造成近世独立绘画及个性创作之因素。

（三五年官费留学考试美术史最优试卷①）

---

① 此句为陈之佛在抄录试卷后写的一个补充文字。"三五年"指民国三十五年。

潘天寿　小龙湫下一角

陈之佛　鹤寿图

常玉　聚瑞盈香

常玉　原野之马

温故启新
——读常书鸿老师的画

半个世纪前,常书鸿老师在昆明给我们授课,日机轰炸日频,唯一的国立艺术专科学校迁到呈贡乡间安江村上课,利用庙宇做教室,在破旧的佛堂里用裸体模特儿做教材,回忆起来真有点不可思议。显然,20世纪30年代的艺术教育是向西洋看齐,是亦步亦趋的初级阶段,是油画,所谓洋画的启蒙时代。受欢迎的教授们大都是从法国留学的,其次是留日的。西方学院派与现代派之争,必然也反映到中国留学生的学术观点中,并且波及再由他们回国后任教的中国艺术青年们。吴大羽老师独具见地,他认为新旧之际无怨颂,唯真与伪为大敌。艺术品评价的关键是作品的质量。第二届全国美展于1936年在南京开幕,吴大羽老师看过后说,常书鸿显然突出。待到后来我在安江村直接受常老师的课,看他作油画,感到确是难得的机会,安江村离巴黎多遥远啊,我们通过常老师的眼睛遥窥法兰西的学院风貌。

各人有自己的偏爱或偏憎,但谁也否认不了客观的学术水平和艺术水平,相反,想有意哄抬也只是徒然。认识水平总在不断提高,今天到中国美术馆细读常书鸿画展,比之五十年前所得的粗略印象,不止有今昔之感,更启发我深深的反思。很幸运能看到常老师劫后余存下来的多幅30年代巴黎时期的作品,而且保存得相当完好。论油画技法和艺术气质,这些作品确确实实达到了当时法国学院的水平,并登堂入室,浸染了他们沙龙的风度，如《老人》（1936）、《G夫人肖像》（1932）、《立着的男体》完全符合了当时巴黎院派的追求，作者因此多次获得金、银奖是必然的（当年春季沙龙的威望远比今天高得多多）。如果今天还强调中国油画技法如何如何落后，似乎中国人就学不深洋油画，则30年代常书鸿与法国人的竞走中早给了我们自信。技艺，难不倒中国人。

严峻的考验是常书鸿返国后的探求。用巴黎上流社会的风度、趣味、审美观移植到古都北平，法国沙龙的获奖者到苦难的中国振臂一呼，能否就应者云集呢（即便局限在美术界）？也许常老师也曾体会过鲁迅先生所谓的寂寞吧！展览中展出了1937年作于北平的女体《未完成的习作》，这是初回国后之作，我感到这是一件精品，是已完成的天衣无缝的妙品，为什么常老师要标明"未完成"呢？比之学院派的制作过程，我认为倒恰到好处地省略了多余的步骤与帮衬，巧合了中国韵味的妙境！在更多返国后的油画中，看得出常书鸿在题材内容、审美趣味、表现手法中竭力民族化、民间化，渗典雅于通俗。离开了熟悉的归途，迎面都是新路，未熟悉的新路处处多歧途，行旅固然催人老，终老沙龙徒悲哀！

西出阳关四十载，常书鸿一头扎进了敦煌，借鉴西方的治学观点和方法，更见祖国文化的博大灿烂，他在大漠中奉献自己，主要精力用在挖掘整理遗产中，筹备成立了敦煌艺术研究所，做出了举世瞩目的巨大贡献。他在敦煌同时也作了不少油画，其间不无对巴黎时期风格的怀念与温习，但那个风华正茂的获奖时期毕竟远去，眼下身负的重任是蒙马尔特咖啡店里得意的或失意的艺术家们所难以想象、望尘莫及的了。

常老师前半生进攻西方，后半生钻研祖国传统，三十年河东四十年河西，在历史的长河中谁都想探寻源流与去向，这也正是我们前辈老师们共同的心愿与类似的历程，中国人肩负着中、西方双重工作量，劳其筋骨，苦其心志，冀能完成天降之大任。我幻想，如老一辈老师们再充满青春活力地工作一百年，那么在中西结合中将创造怎样的伟绩！虽然老骥伏枥志在千里,毕竟,俟河之清,人寿几何,艺术之路还正遥远,我们感谢前辈摸索了方向,激励后来的有力者日渐攀上艺术的高峰!

1990年代

卫天霖与北京艺术学院

北京艺术学院的存在不足十年，已逐渐在人们记忆中消逝，但它培养的大批艺术青年仍工作在北京及全国各地。最近不少老学生回来参加该院的创始人之一卫天霖诞生百年纪念，学生们都已年过半百，"白头宫女说玄宗"，温馨中交融着悲凉。

油画家卫天霖早年留学日本，一身山西农民的质朴气息，而作品却深受印象派影响，色彩斑斓。但不同于印象派的朦胧与轻松潇洒，他画面沉着而厚重，具中国水墨的苍茫感，并汲取了山西民间艺术的稚拙味。有些评论家说卫老的作品并列于西方大师们的作品中并无愧色，我同意这样的观点，不过岂止卫老，今日世界各地接近甚至超过印象派手法的作品为数不少，但艺术的真正价值在于独创，最熟练的重复均欠自身的辉煌。印象派当年的杰作并不太多，部分作品今天看来水平较幼稚，然而，"人们不可能第二次跨越同一条河流"，印象派艺术的价值是美术史上不可重复的光芒。将印象派介绍、移植到中国来，卫老是先驱中的佼佼者，但我认为不宜因此标榜卫派或拼凑出一些卫派传人来，这样并非宣传卫老或拔高卫老之道。

卫天霖引进印象派，且终生孜孜不倦，这造成了他生涯的落寞。光明磊落、赤胆忠诚的卫天霖教授的家里，曾是共产党地下工作者们的联络点，后来他终于去了华北大学，全身心投入了革命队伍。同是革命队伍中的战士，就因他艺术上的印象派印记，他实际上遭到阵营内部的歧视。全国解放后共产党接收北平，中央美术学院当然是核心力量的据点，卫天霖则被安排到北京师范大学的图画制图系，当时那是美术圈外微不足道的立足点，须知，对印象派还将展开如火如荼的批判。

　　1956年，欣闻提出"双百方针"，乘东风，图画制图系的图画部分及音乐系独立出来成立北京艺术师范学院，其中包括美术系、音乐系和戏剧系，并由上级派来周扬的夫人苏灵扬任党委书记，大有从此欣欣向荣、前程远大之气概。其时，副院长兼美术系主任卫天霖全力以赴要办好美术系。首要问题是师资，原有教授寥寥几人，显然力量不足，必须充实师资。有名气的画家都向中央美术学院钻，艺术师范学院草创伊始，尚无威信，不易找到过硬的人选。张安治（1911—1990）先生原是徐悲鸿的得意门生，后因故与徐失和，他再也进不了中央美院，托人介绍来到师大美术系，他能干，被任命为系副主任；李瑞年（1910—1985）先生在中央美院遭冷遇，便也转来艺师。其时，我被美院挤出后正任教清华，也经张安治介绍转到艺师。卫老因受到"写实派"人们的排挤与轻视，格外拥护"双百方针"，竭力吸收风格、手法各异的"散兵游勇"来任教。承蒙他对我的特殊宠爱，一定要我担任绘画教研室主任，帮他设计教案及招聘人才。我从未也极不愿担任行政工作，这是生平唯一的一次因感于他的赤诚，受命于危难之时。聘教师的大权几乎一度落在了我的手中。我提出聘请潘玉良（1895—1977），卫老同意了。20世纪四五十年代在巴黎时见潘玉良生活维艰，我劝她不如回国任教，她说某人在世她决不会回国，她与此人极不相容。我致函潘玉良说某人已故，希望她到我们学院任教。她复信尚在考虑中，接着反右开始，决定了她魂断巴黎的命运。

　　北京艺术师范学院教师队伍逐步扩大，且来自五湖四海，无门户之见。相反，"同是天涯沦落人，相逢何必曾相识"，尤其卫老、张安治、李瑞年和我颇有心照不宣的共识：我们要在"双百方针"的指引下竭力创造多姿多彩的教学面貌，与"一花独放"的美术学院较量较量。后来学院改名北京艺术学院，不再局限于培养师资，全系师生更是兴奋、发愤，教学成绩也日益被社会关注，渐具备与美院分庭抗礼的条件了。卫老更是全身心扑入教学，对师生爱护备至，美术系就是他的家、他的全部事业，他将培养学生看得比他自己的创作更重要。我个人对卫老的看法是，他对艺术学院从无到有的惨淡经营、为美术事业所做出的贡献，不低于他个人创作对社会所起的作用，在"一花独放"的五六十年代，北京艺术学院是当时唯一包容不同品种的苗圃。

正当北京艺术学院蒸蒸日上、时光大好，情况起了突然的变化。周恩来同志感到中央音乐学院的主要任务是引进西洋音乐，应另办一所发扬传统音乐的中国音乐学院，于是就以北京艺术学院的音乐系为基础，扩展成中国音乐学院，因杨大钧、蒋风之等国乐高手当时均属北京艺术学院。就这样，解散了北京艺术学院，将戏剧系并入中央戏剧学院，美术系分别并入中央美术学院、中央工艺美术学院和北京师范学院。那是1964年的秋冬，在恭王府艺术学院的礼堂开全院师生分别会，亦即解散会，苏灵扬同志在主席台上虽以乐观的口吻作报告，而座中热泪盈眶的师生不是少数，我没有敢与卫老照面。

承张仃（1917—2010）同志青睐，我与卫老均被他点名调到了中央工艺美术学院，我和卫老仍同事，但彼此只教点基础课，接触机会不多了，只闲来到椅子胡同一号他家里聊天谈艺，其时已近"文化大革命"前夕，山雨欲来风满楼，我们谈话的心情自然有些凄怆。后来卫老被迫毁掉他的作品——因说都是毒品。他用白粉一幅幅涂刷自己的作品，我说：我给你藏一幅试试，也许能留下个纪念吧。他说：在全部作品中任你选吧。他那椅子胡同一号是个中等四合院，东屋三间全部是藏他毕生作品的仓库，里面一层层木架上挤得密密麻麻的都是油画，他曾经一幅一幅全部翻给我看过，确将我认为心目中的知音。我看完美的创造者毕生的苦果与甜果，感到欢乐与沉重。这回在毁灭之前让我抢救一幅，我惶惑了，最后选了一幅粉色的《芍药》，既是他的代表作，而且是我看着他创作的。最后因故他的作品没有全毁，终于保留了一批，改革开放后并在中国美术馆、北京师院及日本举办过他的画展，每展都来向我借这幅《芍药》。我下决心将之捐赠给了师范学院，我想这是我们共事和友情生发的故园，也是这幅《芍药》应回归的故园。卫老以画静物最具特色，但他的一幅《母亲像》却是代表作。他早在日本留学时代打下坚实而具特色的人物造型基础，但他的审美观仍难于为极"左"思潮服务，他曾努力创作过《刘胡兰》，作品一次次通不过，但实已用心良苦，令我联想到当年潘天寿画《送公粮》和林风眠画《剥玉米》的心态和心情。

　　我和同事们、同学们都视卫老为长者，他貌似严肃，却十分平易近人，且从来如此。我这里引演员于是之小学时代对他的印象："……但是有一位美术老师却记得清楚，他是卫天霖先生。这当然是一位大画家，可那时我们却全然不懂他的价值，竟因他出过天花，脸上留下了痕迹，背地里称呼先生为'卫麻子'……我画的画面上是绿树、绿蔓、绿叶、绿茎，简直绿得不可开交，一塌糊涂了。谁知这时候卫先生正站在我身后看。我扭头看见他，笑了；他看着我和我的那幅绿作品，也笑了，而且还称赞了我。到底是称赞我的什么呢？是有几处画得好？还是勇气可嘉，什么都敢画？或者根本就不是称赞，只是一种对于失败者的无可奈何的安慰？——当时我可没想这么多，反正是被老师夸了，就觉得了不起，就还要画……两年前，美术馆举办了先生的画展，我去看了。我在先生的自画像前，伫立了许久。他并没有把自己画得如何的色彩斑潮，还是他教我们时的那样平凡。"

　　楼兰曾是丝绸之路上水草丰茂的繁华城市，今日成了废墟，令人慨叹。北京艺术学院的遗址在不断变迁，终将难于辨认，但艺术学院兼容并包、珍视不同风格的教学思想所播下的美的种子,已不断生根发芽,人们不应忘却最早的辛勤播种人卫天霖!

1998 年

说常玉

　　1948 或 1949 年的夏季前后，我在巴黎友人家见到常玉（1900—1966），他身材壮实，看来年近五十，穿一件红色衬衣。当时在巴黎男人很少穿红衬衣。他显得很自在，不拘礼节，随随便便。谈话中似乎没有涉及多少艺术问题，倒是谈对生活的态度，他说哪儿舒适就待在哪儿，其时他大概要去美国或从美国临时返回巴黎，给我的印象是居无定处的浪子。我早听说过常玉，又听说他潦倒落魄了。因此我到巴黎后凡能见到他作品的场合便特别留意观察。他的油画近乎水墨写意，但形与色的构成方面仍基于西方现代造型观念。我见过他几幅作品是将镜子涂黑，再在其上刮出明丽的线条造型。

　　巴黎这个艺术家的麦加，永远吸引着全世界的善男信女，画家们都想来飞黄腾达。到了花都便易沉湎于纸醉金迷的浪漫生活中，"十年一觉扬州梦，赢得青楼薄幸名"倒写出了 20 世纪巴黎艺术家的生涯与心态。在巴黎成名的画家大都是法国人或欧洲人，都是从西方文化背景中成长的革新的猛士，西班牙的毕加索、米罗（1893—1983），意大利的莫迪里阿尼，俄罗斯的夏加尔（1887—1985）等等，他们的血液与法兰西民族的交融很自然，甚至几乎觉察不出差异来。东方人到巴黎，情况完全不一样，投其怀抱，但非亲生，貌合神离，而自己东方文化的底蕴却不那么轻易就肯向巴黎投降、臣服，一个有素养的东方艺术家想在巴黎争一席位，将经历着怎样的内心冲突呵，其间当触及灵魂深处。20世

藤田嗣治　巴黎风景（1918年）

纪二三十年代在巴黎引起美术界瞩目的东方画家似乎只有日本的藤田嗣治（1886—1968）和中国的常玉。我40年代在巴黎看藤田嗣治的画，觉得近乎制作性强的版画，缺乏意境，缺乏真情，不动人。是巴黎人对东方艺术认识的肤浅，还是画商利用对东方的猎奇而操作吹捧，结果画家扬名了，走红一时。常玉与藤田正相反，他敏感，极度任性，品位高雅。由于他的放任和不善利用时机，落得终生潦倒。二三十年代他的作品多次参展秋季沙龙、独立沙龙，已颇令美术界注目，著名诗人梵勒罕为其所绘插图的陶潜诗集撰写引言，收藏家侯榭开始收藏其作品，常玉之名列入法国《1910—1930年当代艺术家生平辞典》第三卷。然而这些难得的良好机缘并未为常玉所珍惜、利用、发挥。据资料介绍，他1901年生于四川一富裕家庭，1921年勤工俭学到巴黎后，由其兄长汇款供养，衣食无忧，不思生财，游心于艺，安于逸乐。及兄长亡故，经济来源断绝，犹如千千万万流落巴黎的异国艺人，他在贫穷中苦度岁月，1966年8月3日因瓦斯中毒在寓所逝世。

常玉二三十年代的作品明亮，画面大都由白、粉红、赭黄等浅色块构成主调，其间突出小块乌黑，画龙点睛，颇为醒目。由于色块与色块的明度十分接近，便用线条来勾勒或融洽物与物的区分，并使之彼此谐和。线条的颜色也甚浅，具似有似无的韵味。题材如粉红的裸女点缀一绺黑发、黑鞋或一只黑猫，有时索性着大块黑色的衣衫，求强烈的对照与反差；浅浅的瓶花或盆中瓜果，根据节律的需要也总有遣用浓黑的借口，是叶是果，任意点染，又或者索性以黑色的瓶来托明丽的花；椅上蜷缩的猫、舐食的猫、扑蝶的猫、只突出黑色的眼和嘴的小鹿、懒躺着的豹……无论是人是花是动物，似乎都被浸染在淡淡的粉红色的迷梦中。迷梦，使人坠入素白的宣纸上晕染的淡淡墨痕中。无疑，故国的宣纸哺育过少年常玉，这是终生不会消去的母亲的奶的馨香。宣纸的精魂伴随着巴黎的浪子，中

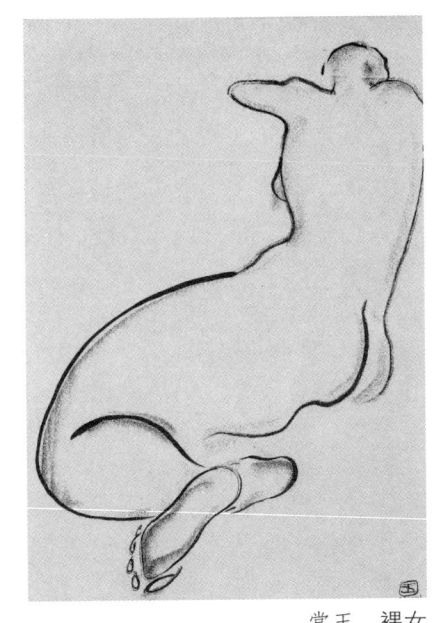

常玉　裸女

国民间的乌黑漆器又不断向浪子招魂。进入五六十年代的常玉更钟情于漆黑了，他立足于深黑的底色上勾勒出花卉、虎豹、女裸，如在浅底色上用线勾勒，那线也用乌黑的铁一般的线，肯定明确，入木三分，不再是迷梦，是一鞭一条痕的沉痛了。油画颜料色阶丰富，从纯白到漆黑，具备各种细微的音阶，常玉掌握了油彩的性能、西方的造型特征及其平面分割的构成规律，但他只选取有限几种中间色阶来与黑、白唱和，他在色彩中似乎很少谱交响乐而更爱奏悠悠长笛。在单纯的底色上，线之起舞便成了画面表现的焦点。他用线来占领空间，用线来吐诉情怀，在线之画情伸展中，赤裸裸呈现了他的任性。但他的任性有时流于散漫，有些速写人体夸张过度，显得松软无力。他往往用毛笔一口气速写出人体，这还缘于他少年时代的书法功力。据资料介绍，他早年曾学习过传统中国画，与书画久有姻缘，也正是书画之韵，赋予了他油画之魂。

翻阅常玉的作品，使人立即联系到八大山人，那些孤独的鸟与兽，那些出人意料的线的伸缩，那比例对照的巨大反差，吐露了高傲、孤僻、落寞、哭之笑之。郑所南忠于宋，元入主后他画赤脚兰花，即带根的兰花，因已无土地可种植，寓首阳二难之志。潘天寿念郑所南，亦曾作赤脚兰花，并自题："同与夷齐无寸土，露根风叶雨丝丝"，那时候日本侵入，国土沦丧，潘老师也许有感而发，也许青睐于叶与根间乱线之延伸。八大山人因明亡而失落，离群孤居，但毕竟依旧生活在母土上，作品虽愤懑怪异，仍沾满泥土气息。常玉浪迹海外，远离母土，接触的友人也大都是西方人，他自己说过："讨口也不回去！"则他与祖国恩断义绝？恰恰相反，他作品中流淌的偏偏是母土的情愫，被深深掩埋的乡愁倒化作了他艺术的种子，他属于怀乡文学的范畴。他画了许多盆景，大盆里几枝小花，小盆里一丛丰盛的花叶，枝叶的穿插与组构———一目了然，中国民间剪纸、漆绘装饰等工艺的变种。八大山人的情思或民间艺术的意趣被常玉译成了现代西方的油画新貌。淡淡的乡愁浓缩成巴黎游子的画图，人们于此感受到他作品的魅力。这，当是常玉一度引起西方画坛青睐的根源吧！

常玉画了那么多盆景，盆景里开出绮丽的繁花，生意盎然；盆景里苟延着凋零的残枝，凄凄切切，却锋芒毕露。由于剪裁形式构成的完整饱满，浓密丰厚的枝叶花朵往往种植于显然不成比例的极小花盆里，有人慨叹那是由于失去大地，只依靠一点点土壤成活的悲哀。这敏锐的感触，这意味深长的慨叹缘于同命运的相怜吧！我觉得常玉自己就是盆景，巴黎花圃里的东方盆景，巴黎的盆景真多，来自世界各地的奇花异卉，都想在巴黎争奇斗艳。巴黎那所知名度极高的大茅屋画馆（Grande Chaumiere），是一家私人办的业余美术学校，全世界来巴黎学艺的、冒险的艺术家，同法国贫穷的艺术家在此一同工作，有白发苍苍的老头、有衣着怪异的少女，肤色各异，讲着各种腔调的法语，佛里兹、布尔特尔、杰克梅蒂、札甘纳等等许多知名艺术家都曾在此任教或工作过，常玉、潘玉良、吴大羽、庞薰琹等等我国前辈留法画家们也都经常出入此门庭老屋。这里可说是世界盆景展出的第一站。本认为巴黎的气候是百花齐放的温床，然而盆景却大都萎谢了，一批批迁来新的，一批批照样萎谢。如果能成活，再移植到法兰西的土壤中，待根深叶茂，那恐需几代的培植与考验，而且也必然将变种吧！与常玉同样敏感，与常玉同时代在巴黎学习的林风眠、吴大羽后来回到了故土，温暖的故土，变冷的故土，有着春夏秋冬的美好的故土。但温暖却又发烫，寒冷更伴冰霜，他们经历着炼狱的煎熬，虽有意拥抱那广袤的母土，然而母土上荆棘丛生，为母爱，他们付出了血泪。他们长成了黄山之松，他们插足于石隙间，未享到丰厚土壤的滋养，但黄山松的风骨却绝非盆栽所能培养，他们属于乡土文学的范畴，有别于怀乡文学范畴。他们品尝过苦辣辛酸，霜叶吐血红，他们血染的风采被人们当作二月花来欣赏。

  对遥远的祖国的怀念孕育了常玉，那遥远与朦胧引发画家的旧梦与憧憬。但回忆中那些具血肉的温暖日渐冷却，日渐抽象，或终将成为幽灵，而那幽灵却总缠绕着游子，而且愈缠愈紧，催人毁灭。藤田嗣治回日本去了，日本视如国宝，崇洋的日本人以藤田曾一度在巴黎耀眼而骄傲，幸福的日本画家有着强大的后援。而常玉，贫穷得买不起作画的材料，劣质的材料成了他作品的特点。他虽也曾有荷兰作曲家约翰·法朗寇等少数知音，最终逐渐被法国人抛弃、忘怀了。幸而有四十余件作品本预备在台湾展出，后展览因故流产，这批作品倒幸运地保存在台湾历史博物馆了。常玉死后，台湾的有心人到巴黎收集他的遗作，是故土，是乡亲想起了客死异邦的弃儿，于是常玉的作品近几年来成了画廊和拍卖场中的宠儿。

  有人说，如果梵高又活过来，看到他作品的价格成了天文数字，将再一次发疯。我们一向以"含笑九泉"来告慰身后才被人们理解、歌颂的杰出人物。逝者如斯，亡者再也不会含笑，但历史的无情淘汰、鞭挞、颂扬，永远是人间是非、善恶、美丑、人心向背的借鉴。

1990 年代

石鲁的腔及其他

"短笛无腔信口吹"已经进入了创作的境界,不过成熟的艺术作品必有其独特的腔。腔在戏曲中往往是艺术特色的明显标志,人们熟悉四大名旦唱腔的差异,可用曲谱分析、显示这种差异吧。王蒙(1308—1385)、黄子久(1269—1354?)、倪瓒(1301—1374)和吴镇(1280—1354)被并列为元代四大家,都是山水画家,除了他们所表现的对象和意境有不同外,形成其各自艺术效果的手法特色又是什么呢?这种各自的手法特色颇有些近似戏曲各家的唱腔,只是形象中的腔无法用音乐曲谱显示,必须用形式的曲谱来分析。王蒙爱表现崇山峻岭,披麻皴也罢,解索皴也罢,他主要运用密密麻麻涌进的曲折线构成重重叠叠的山峦,创造那种迂回曲

王蒙　松林写作图

黄子久　丹崖玉树图　　倪瓒　紫芝山房图

塞尚　磨（1892—1894年）

折步步深进的高山气氛，那"密密麻麻的曲折线的涌进"也可说是王蒙表现手法的腔吧！黄子久呢，他往往用疏疏朗朗的笔墨表现山林的空灵，抒写胸中的豁达，他节约皴法，他依仗山石体形的大小相间，亦即多样块状形的大小相间来表现量感，嵌入块状形之间的多变的直线是林木，这一"山石的团块形与林木直线间的基本构成"唱出了黄子久自己的腔，确切地表达了其疏朗又深远的境界。塞尚在造型中多斧劈之感；莫迪里阿尼高度发挥了线之伸与曲；人们说郭熙的树像蟹爪，形象地、通俗地道出了郭熙的腔。

　　石鲁（1919—1982）的画来自生活，石鲁的画有浓厚的时代气息，石鲁的画气势磅礴。解放以来有不少来自生活的、有浓厚时代气息的、气势磅礴的佳作，"来自生活、时代气息及气势磅礴"并不能标志某一作家的个人特色，那么石鲁的作品又在哪些方面保有自己独特的面貌、独特的腔调呢？他的独特面貌似乎在20世纪50年代和60年代之际开始逐步形成。我细读他此后的作品，发觉他的画面造型大都被归纳、统一在方与圆的基本构成中。《转战陕北》中从人物的身影到前山后山，大大小小的形体都基于方，形象中"大"与"方"的单纯处理拍合了"大大方方"的概念，产生了磅礴之气势。方的锐角大都被磨掉了，寓圆于方。画面于是并存着方与圆两种基本形，它们控制了整个画面，它们交错着向外扩展，又交错着向心脏浓缩，浓缩成身影的方块与脑袋及草帽的圆点，奠定了方与圆的司令部。《转战陕北》以方为基调，寓圆于方。《南泥湾》则以圆与弧为基调，从树丛到山石都融洽于弧形中，而所有的圆弧形又都接受了方的规范与制约，寓方于圆。《家家都在花丛中》更突出地体现了方与圆的矛盾统一，端庄的房舍、虬曲的枝藤、伸展的红花……统统都被裹进了方与圆的怀抱中，其间，窗——长方形，木瓜——椭圆形，都像

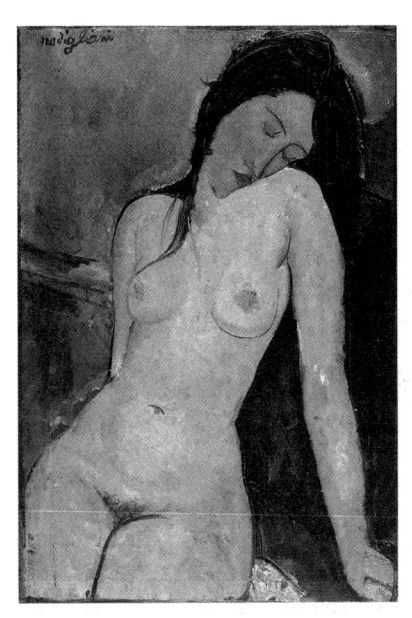

莫迪里阿尼　坐着的裸妇（1916年）

郭熙　早春图

是这个方、圆家族的儿童，继承了父辈的体形。《种瓜得瓜》同样发挥了方与圆相辅相成的效果，瓜、玉米、炕桌、自行车、窑洞的门窗……许多方圆各殊的什物形象互相穿插，取得了方圆统一的画面。《金瓜》中只几个似方似圆的瓜与几束曲曲扭扭的藤，却更清晰地表达了作者的方圆之腔。在那扭曲缠绵的藤的线组织中突出了不同类型的长方形，这些立状的长方形与瓜的扁状的类似长方形构成了既对比又和谐之美。我顺着这条方圆的线索去翻看石鲁的画，无论在枝枝杈杈的杂树丛中，在寥寥数棵临风摇曳的高粱中，在草垛中，在茅屋中……发现进入画的各式各样的形象大都已通过了方与圆的梳理。这一方与圆的梳理同样体现在陕西洛川的剪纸中，民间的奶孕育了土生土长的画家。

"寓圆于方"与"寓方于圆"构成了石鲁画面的浑厚感，其形象偏于粗短、壮实，形的转折处多钝角。与之对照，使我想起虚谷。修长的柳叶、苗条的小鱼、尖尖的松针、尖尖的松鼠的针毛……锐利感统一着虚谷的画面，他的艺术效果近乎高音，是悠悠钟鸣；而石鲁唱的是低音，是沉沉鼓声。单从笔墨苍茫的角度着眼，

虚谷　修竹双鸟

两人似乎彼此有些貌似，但腔调却正相反。

石鲁画面的浑厚感还由于体面的塑造。唐、宋时期画家依靠渲染取得质量和深远感，尤其在绢上渲染，与油画的表现手法其实并无霄壤之别。元以后的水墨画，愈来愈向笔墨情趣讨生活，表现手法也较局限在线的运

龚半千　自藏山水册之一

用。逸笔草草固亦抒情，但逐渐放弃了对体面与质量的追求，行将失去绘画领域中的半壁江山。自然总有不少画家有意无意间仍在线的运用中竭力探索体面的作用，以充实表现力；如龚半千（1618—1689）就是最突出的例子。待到西洋画大量闯进来，中西结合是必然的趋势，水墨画中的体面感被普遍重视了，画家们在做各式各样的钻研。石鲁用湿漉漉的粗壮的线组成面，画面那成片蓬勃奔放的高粱或玉米的枝枝叶叶，非为管它是芦是麻的一时遣兴，而是着眼于充分表现丰满、茂密的庄稼地，有厚度和深远感的庄稼地。坡上梯田，集线成面，石鲁用浓淡和肥瘦不同的线，间以彩色的线，相互交错组成不同明度和色相的面，表现泥土气息的线世界的韵律感。笔的长、短、肥、瘦，墨的黑、白（纸色）、灰，间以一二种简单的彩色，其间便可组成无穷尽的各种色相和明度的体面。这一具斑驳之美的体面的基本单元，是属于石鲁自家的腔调，他用以表现山石、老树、江流……在其一幅船夫习作中他自己题道："唯当色墨浑然方见真力也。"当一眼看到石鲁的作品时，首先便是这种色墨浑然的貌相夺目而来！

未成曲调先有情，腔调不是事先主观的设计，风格只是作家前进道路中留下的脚印，是后果，不是前因。犹如所有有成就的画家，石鲁是脚踏实地从现实世界匍匐着爬过来的。他从模仿客观形象逐步认识到客观形象中美之所在，果敢地下手擒获这种美感。他的腔的形成，是他终于擒获了风沙扑面的西北黄土高原的美感。艺术家从大自然中汲取了营养，孕育了自己的艺术风格，风格形成后，活了，它自己就会生长、发展。石鲁从黄土高原获得的腔调，也很自然地投射到他表现南国风光的题材中，诞生了新的风貌，如《家家都在花丛中》，同时也体现到花卉、虫鱼等等其他题材中，题材虽小，气势依然。且愈近晚年，作品愈写意，其腔、其韵、其神更是绝对控制画面的主宰。

众所周知，"文化大革命"摧毁了石鲁的健康，使他精神一度失常。

1970年前后，石鲁翻出他50年代在埃及和印度的写生作品，在牛棚里偷偷地直接在原作画面上反复加工改画，改画后的画面变得复杂而神秘：笔阵纵横，点线分布如天罗地网；彩色泼溅，出没无常，宇宙浩渺任遨游；层次里更辟层次，图画哪有边岸！上下左右往往布满了斑斑字迹，天书由君猜读……添绘的分量远远超出了原作的容量，原作只是引起再创作的一点酵母而已。石鲁这一时期的创作活动是异常？是精神错乱的一种表现？或纯粹是艺术童心的流露？狂热的梵高的自画像中，彩色的笔触在滚动，其间渗透着血管里奔流着的鲜血，他那无法抑制的狂热终于导致了割耳朵的终果。艺术家的癫狂与儿童的纯真之间有时似乎存在着某些联系，我的小孙子抓到一只手电筒，电筒偶然紧贴着他的小手发亮了，照得小手血红血红，他惊喜地呼叫起来！石鲁对他这批旧画的改画与再创作，我认为可以从两方面来分析。一方面，他50年代的作品偏于追求生动活泼的客观形象，艺术处理中还没有形成后期的腔调，70年代旧画重提，欲赋旧作以新腔，他要将自己的话剧改编成戏曲。他改画时对他的女儿石丹说："这些画本来就没有画完。"另一方面，石鲁试图从现实人间逃奔去艺术世界，他憧憬天国。他改画后的1959年作的《赶车人》不再是泥泞道上的车夫了，而是赶着马车的阿波罗，在太空绕一圈便赐予了人间昼与夜！《印度少女》和《印度神王》都不只是印度的，少女应藏娇于伊甸园中；神王呢，他是荷马，他守卫着苦难的艺术之海洋！废弃的"古城堡"只作为怀古太单调了，作者于此重建琼楼玉宇，从牛棚到海市蜃楼又有多远啊！石鲁在改画旧作之际，也写新篇，在那幅《美典神》中，他题道：要和美打交道，不要和丑结婚。

  我很晚才认识石鲁，只和他见过两次面，两次都是到医院探望他，第一次在通县的结核病院里，第二次在西安病院里。我去看他，主要是出于迫切期望他能恢复健康的心情，一代才华，他是我国当代极有特色和成就的画家。因以往和他并无接触，不够了解，只能就其作品分析，写下这篇短文表示对他的敬意与怀念！

1983年

魂与胆
——李可染绘画的独创性

"可贵者胆，所要者魂"。李可染（1907—1989）先生谈过的许多有关山水画创作的精辟言论，都是从长期探索实践中所凝练的肺腑之言，他这两句对魂与胆的提醒，我感到更是击中了创作的要害，令人时时反省。

1954年，在北海公园山顶小小的悦心殿中举行了李可染、张仃和罗铭三人的山水画写生展览，这个规模不大的画展却是中国山水画发展中的里程碑，不可等闲视之。他们开始带着笔墨宣纸等国画工具直接到山林中、生活中去写生，冲破了陈陈相因日趋衰亡的传统技法的程式，创作出了第一批清新、生动，具有真情实感的新山水画。星星之火很快就燎原了，解放三十余年来的山水画新风格蓬勃发展，大都是从这个展览会的基点上开始成长的，我认为这样评价并不过分。

"写生"早不是什么新鲜事物了，西方绘画到印象派可说已达到写生的极端，此后，狭义的写生（模拟物象）顶多只是创作的辅助，打打零工，完全居于次要的地位了。"搜尽奇峰打草稿"，石涛也曾得益于写生，他的写生实践和写生含义广阔多了，但能达到这种外师造化又中得心源的杰出作者毕竟是凤毛麟角。日趋概念化的中国山水画贫血了，诊断：缺乏写生——生命攸关的营养。关键问题是如何写生，即写生中如何对待主、客观的关系。李可染早年就具备了西方绘画坚实的写实功力，困难倒不在掌握客观形象方面，用心所苦是在生活中挖掘意境，用生动的笔墨来捕捉生意盎然的对象，借以表达自己的意境。徒有空洞的笔墨之趣不行，徒有呆板的真实形象乏味，作者在形象与笔墨之间经营、斗争、呕心沥血。李可染在写生中创作，他是中国传统画家将画室搬到大自然中的最早、最大胆的尝试者，他像油画家那样背着笨重的画具跋山涉水，五六十年代间他的十余年艺术生活大都是这样在山林泉石间度过的，创作了一批我国山水画发展中划时代性的珍贵作品。

五代、宋及元代的山水画着意表现层峦叠嶂，那雄伟的气势惊心动魄，但迄清代的四王，虽仍在千山万水间求变化，但失去了山、水、树、石的性格特征，多半已只是土馒头式的堆砌，重复单调，乏味已极。李可染在水墨写生中首先捕捉具有形象特色的近景，仿佛是风景的肖像特写，因之，他根据不同的对象、不同的面貌特征，采用了绝不雷同的造型手法，力求每幅画面目清晰、性格分明。《夕照中的重庆山城》统一在强劲的直线中，那滨江木屋的密集的直线与桅樯的高高的直线和谐地谱出了垂线之曲，刻画了山城某一个侧面的性格特征。作者当时的强烈感受明显地溢于画面，他忘其所以地采用了这一创造性的手法，这在中国传统绘画中前所未有，是突破了禁区。正由于那群控制了整个画面的细直线显得敏捷有动势，予人时而上升时而下降的错觉，因而增强了山城一若悬挂之气势，表达了山城确乎高高建立在山上。《梅园》除一亭外，全部画面都是枝杈交错，乱线缠绵，繁花竞放，红点密集。在墨线与色点紧锣密鼓的交响中充分表现了梅园的红酣、梅园的闹、梅园的深邃意境。当我最初看到这幅画时，感到这才是我想象中所追求的梅园，是梅园的浓缩与扩展，它令我陶醉。这里，作者用粗细不等的线、稠密曲折的线、纷飞乱舞的线布下迷宫，引观众迷途于花径而忘返。在貌似信手狂涂狂点中，作者严谨地把握了点、线组织的秩序与规律。要组成这一充实丰富、密不通风的形象效果大非易事，失败的可能远远多于成功的机缘，所以李可染常说：废画三千。在《鲁迅故乡绍兴城》中，全幅画面以黑、白块组成的民房作基本造型因素，用以构成沉着、素朴而秀丽的江南风貌。偏横形的黑、白块之群是主体，横卧的节奏感是主调，以此表现了水乡古老城镇的稳定感和宁静气氛，那些尖尖的小船的动势更衬托和加强了这种稳定感和宁静气氛。这批画基本都是在写生现场完成的，这种写生工作显然不是简单地模拟对象，而是摸透了对象的形象特征，分析清楚了构成对象的美的基本条件后，狠而准地牢牢把握了对象的造型因素，用其各不相同的因素组成不相同的画面。这是提炼，是夸张，而其中形式美的规律性，与西方现代艺术所探求的也正多异曲同工之处。

为了充分发挥每幅作品的感染力，李可染最大限度地调动画面的所有面积。他，犹如林风眠和潘天寿，绝不放松画面的分寸之地，这亦就是张仃同志早就点明的"满"。李可染构图的"满"和"挤"是为了内涵的丰富与宽敞。他将观众的视线往画里引，往画境的深处引，不让人们的视野游离于画外或彷徨于画的边缘。《峨眉秋色》的构图顶天立地，为的是包围观众的感觉与感受，不让出此山。《凌云山顶》中满幅树丛，将一带江水隐隐挤在林后，深色丛林间透露出珍贵的明亮的白。李可染画面的主调大都黑而浓，其间穿流着银蛇似的白之脉络，予人强烈的音响感。正如构图的"满"是为了全局的"宽"，他在大面上用墨设色之黑与浓是为了突出画中的眉眼，求得整体醒目的效果。李可染的艰苦探索已为中国山水画开辟了新的领域，扩大了审美范畴。今天，年青一代已很自在地通过他建造的桥梁大步走向更遥远的未来，他们也许并不知道当年李先生是在怎样艰难的客观条件下工作的。《新观察》杂志曾借支一百元稿费支持他攀登峨眉，而保守派则坚不承认他的作品是中国画，说那不过是一个中国人画的画。

我爱李可染的画，爱其独创的形式，爱其自家的意境。他的意境蕴藏在形象之中，由形式的语言倾吐，无须诗词作注解。《鲁迅故居百草园》其实只是平常的一角废园，然而那白墙上乌黑的门窗像是睁大着的眼睛，它凝视着观众，因为它记得童年的鲁迅。杂草满地，清瘦的野树自在地伸展，随着微风的吹拂轻轻摇曳，庭园是显得有些荒芜了，正寄寓了作者对鲁迅先生深深的缅怀。李画中比较少见的，是作者在这幅画上题记了较长一段鲁迅的原文，这是作者不可抑止的真情的流露。就画论画，即便没有题记，画面也充分表达了百草园的意境。在《拙政园》及《颐和园后湖游艇》中，李可染一反浓墨重染的手法，用疏落多姿的树的线组织表达了园林野逸的轻快韵致。诗人以"总相宜"三字包括了浓妆与淡抹的美感，这是文学。绘画中要用形象贴切地表现浓妆与淡抹的不同美感，却更有一番甘苦。李可染在《杏花春雨江南》中通篇用峨峨淡墨表现雨中水乡，淡墨的银灰色与杏花的粉红色正是谐和色调。类似的手法也常见于《雨中泛舟漓江》等作品中，令观众恍如置身于水晶之宫。所要者魂，魂，也就是作品的意境吧！

我感到《万山红遍》一画透露了作者艺术道路的转折点，像饱吃了十余年草的牛，李可染着重反刍了，他更偏重综合、概括了，他回头来与荆、关、董、巨及范宽们握手较量了！他追求层峦叠嶂的雄伟气势，他追求重量，他开始塑造，他开始建筑！然而新的探索途中同样是荆棘丛生，路不好走，往往是寸步难行！李可染采用光影手法加强深远感，他剪凿山的身段以表现倔强的效果。于是又开始大量地失败，又一番废画三千。老画家不安于既得的成就和荣誉，顽固地攀登新的高峰，他自己说过，死胡同也必须走到底才甘心。"马一角"虽只画一角，但作品本身却是完美的整体。李可染的写生作品即便有些是小景小品，也都是惨淡经营了的一个独立的小小天地。但他如今更醉心的是视野开阔、气势磅礴的构图了：飞瀑流泉，山外青山。这类题材由于中国人民最熟

阿格桑德罗斯等　拉奥孔

悉，永远爱好，因此传统绘画中代代相传，只可惜画滥了，早成了概念化的老套套。最近我看到李可染1982年的一幅新作山水，表现了"山中一夜雨，树杪百重泉"的王维诗境，整幅画面由黑白相间的纵横气势贯通，全局结构严谨，层次多变而统一。山、树、瀑，形象均极生动，体态屈曲伸展自然，却又带有锐利的棱角，寓风韵于大方端庄之中。我按捺不住心头的喜悦与兴奋，对李先生说：这是您现阶段新探索的高峰，是您70年代至今的代表作！

诗歌《拉奥孔》运用时间作为表现手法，雕刻《拉奥孔》的表现手法则完全依凭空间。这是莱辛（1729—1781）早就分析了的文学与造型艺术表现手法间的根本区别。"牧童归去横牛背"是诗，是文学，表现这同一题材的绘画作品已不少，但大都只停留于用图形作了文学的注脚。李可染在其《牧归图》《暮韵图》等等一系列表现农村牧童生活情趣的作品中，着力强调了"形式对照"这一绘画的固有手法。焦墨塑造了如碑拓似的通体乌黑的牛，一线牵连了用白描勾勒的巧小牧童；俏皮的牧童伏在笨拙的牛背上，大块的黑托出了小块的白；夏木荫浓，黑沉沉的树荫深处躲藏着一二个嬉戏的稚气牧童，牛，当它不该抢夺主角镜头时，往往只落得虚笔淡墨的身影。李可染的牛与牧童之所以如此迷人，是由于他在天真无邪的牛与儿童的生活情趣中挖掘了黑与白、面与线、大与小、粗豪与俏皮间的无穷的形式对照的韵律感。作者的强烈对照手法同样运用于人物画创作，他的《钟馗嫁妹》中那个浑身墨黑的莽汉子后面跟着一个通体用淡墨柔线勾染的弱妹子。我爱听李先生说戏，他谈到当红脸宽袍气概稳如泰山的关羽将出场时，必先由身躯巧小裹着紧身衣的马童翻个筋斗满场。这动与静、紧与宽的衬托不正是李可染"牧归图"的范本吗？这使我想起李可染真诚地、长期地向齐白石（1864—1957）学习，但齐白石并非山水画家，李可染则从不画花鸟。

张仃同志还曾指出过李可染作品的另一特色："乱"。李可染在作品中力求用笔用墨的奔放自由，往往追求儿童那种毫无拘束的任性，使人感到痛快淋漓。特别是在写生期作品中，因写生易于受客观物象的约束，他力避刻板之病。大人者不失其赤子之心，李可染在解放前的人物画中，早已流露了其寄情于艺术的天真的童心。"乱"而不乱，李可染于此经营了数十年，看来潇洒的效果也正是作者用心最苦处，李可染不近李白，他应排入苦吟诗人的行列，他的人物画中多次出现过贾岛。可贵者胆，李先生在艺术创作中是冲撞的猛士，但在对待具体工作时，从艺术到生活，对自己的要求是严峻的。他作画不喜欢在人群中表演，连写字也不肯作表演。有一回在一个隆重的文士们的雅集会上，被迫写了几个字，他写完后对我说：心跳得厉害！我看他脸上红得像发烧似的。良师益友，四十余年的相识了，前几年他送我一幅画，拿出二幅来由我挑选一幅，我选定后他再落款，虽然那只是写上姓名和纪念等几个小字，但涉及全局构图的均衡，且落笔轻重和字行的排列还费推敲，他于是请我先到隔壁房里去等待。岁月不肯让人，七十余高龄的李可染已在遭到疾病的暗暗袭击，手脚渐渐欠灵活了，他有时哆嗦着在画面上盖印，他的儿子小可是北京画院的青年画家，自然可以代替他使用印章，但李先生不让，他对盖印位置高低的苛刻要求是任何人不能替代的！

今年春节到李先生家拜了个年，回来写下这点心得作为自己学习的回忆，并以此为李先生恭贺新春，祝他的艺术新花开遍祖国，开遍东方和西方！

1980年代

艳花高树
——重彩画家祝大年

寒不可衣、饥不可餐的文艺，一向抛在生活的边缘。但今天生活富裕起来，眼界扩大了，人民对文艺审美的享受要求提高了。文艺有了出路。遗憾，文艺面貌老一套，抄袭，为了挣钱，伪劣假冒泛滥。认真的文艺作家变质了，消失了？文艺垃圾充斥于市，国耻。于是官方和民间一致呼吁创新，于是自诩创新者处处献丑，似乎，美盲控制、不辨美丑的现象随处可见，偏偏我们就居住其间。

民以食为天，袁隆平的杂交水稻造福人类，人人欢呼。不辨美丑者照常吃袁隆平的稻米，有愧，当然也想在自己的艺术作品中搞杂交，中西融合，南北尽收……但艺术是苗是树，日夜艰难地成长，绝非瞬间变脸的"杂耍"者。

看祝大年（1916—1995）彩画展，令我吃惊。他绘写——不如说塑造了一簇簇向日葵、百合花、芍药、大理菊……花靠媚态求生，正如许多人间女子，而祝大年的花全无媚态。作者一笔一画勾勒出每一个瓣，瓣上的转折倾斜，树叶的伸展卷缩，似乎都有关民族民情，他丝毫不肯放松，怕丧失了职守。"一枝一叶总关情"，祝大年虽没有郑板桥的芝麻官，却同郑板桥一般关注一枝一叶，这何尝不是牵连着民间疾苦的一枝一叶、作者品质的一枝一叶。

犹如袁隆平，祝大年获益于艺术品种的杂交，他层层染色，极尽花卉华丽之能事，但这华丽展现的并非轻盈可掬——令人于欢乐中感受愁思。朴实之美、苦涩之美，人生之大美，生命终极之回归。花如是，苍松更曲腰驼背，背负人世之重；高树参天，寰宇无边，人兮人兮奈若何。

祝大年的画饱满厚重，繁花密叶，如贺节日，黄钟大吕震耳，是喜是哀，读者心存迷惘。我一向认为尽精微未必能致广大，必须在致广大的前提下尽精微，祝大年的画却尽精微而致广大，凭宽广的怀抱、坚强的毅力，成竹在胸。他有些画失败了，最后未达到致广大的成效，或成效不佳；但他在创作的长征之途，从不动摇，永远信心十足地一步一步攀爬不止，每次战役，他不考虑失败，不见黄河心不死，舍身投艺。这样执着的艺术战士，今日难找，祝大年去矣！

祝大年画花，却厌恶拈花惹草，他想表现的是宇宙精神。他在首都机场留下了巨幅壁画《森林之歌》，宽银幕式展开西双版纳的榕树之族，民族的花园，令看画的观众顿觉自己缩小了许多，艺术大于生命。他的《玉兰花开》繁花竞放，如满天星斗，笼罩大千世界，几只黄莺隐于花丛，生命卫护了生命。细看一花一蕾，笔笔铁划银钩，真真切切口吐鲜血！抛却一波三折，漠视泼墨、飞白，顽强的祝大年跨越了传统，他是传统的强者，徐熙（？—975）、黄荃（？—965）、吕纪（1429—1505）均无缘见祝大年，若天赐一面，古代的大师们当会低头刮目而视。他们更将惊呼这个画民间大俗的画家，应登中华民族的大雅之堂。精选其优秀之作巡展世界，其独特之美、质朴之美、原创之美及长歌当哭之情愫，当难有伦比。

苦难的中华民族生养了一个苦难的祝大年，苦难的祝大年偏偏以艳花高树来象征苦难的辉煌。祝大年去矣，后继者嚷嚷在传统基础上创新，又有几个吃得了祝大年的苦，祝大年从日出工作到日落，从日落画到掌灯，一意孤行，不求闻达，不自我标榜。他以身家性命创造了今天人们望尘莫及的最新作品,人们已只能泪眼相送他远去的背影。

载《光明日报》2006年11月19日

说熊秉明

我与秉明已是半个多世纪的老友，虽然长期各自生活在不同的环境里，但彼此总注视着对方在艺术探索中的步履——到达了或迷失在哪个经纬的交点处。最近一次的相晤是在台北历史博物馆我个展的开幕式上，他本是去参加一个书法学会会议，恰好碰上我的个展。馆长特别请他致词，他一向冷静、沉着，竟也显得有点语塞。

我们相识于1947年，缘于考取了同一榜教育部派遣的公费留学生。我学绘画，秉明学哲学，他的知识比我广博多了，我眼中的他是青年哲人，我是手艺人，论及艺术，他的见解比我高明，我仰视他，自愧读书太少。到巴黎后，我们一度同住在大学城的比利时馆。他在巴黎大学读了一年哲学后居然放弃博士论文，转到我们巴黎高等美术学校雕塑系，认真投入艺海了。早先他就曾论及希腊雕刻与希腊哲学的姻缘，如今他从思辨的殿堂毅然步入造型的田园，是一时的冲动吗？他确曾长期在哲理思维与形象感受间转轮徘徊，我感到他至今仍在徘徊，也许这徘徊永无止境。

他改学雕刻，我和他的距离很快缩短了，我先不敢走近博士帽下道貌岸然的哲学家，如今将共尝艺术道路上的甘苦，学问的深浅不再阻隔感觉的共性。我每作了画，有时画面油色未干，便先提到他卧房去听他的评说，他重视情真、心态的自然，我在他这面照妖镜前特别警惕"虚伪"和"矫情"，而东方的、祖国的情思在我们间更随时显现、交融，这与请法国老师或同学看画时的心情有区别。他有一次到他的老师纪蒙教授家去，在客厅的显眼处看到中国隋代和唐代的佛头，他钦佩这位法国雕刻家的眼力。纪蒙的作品严谨、洗练、坚实，每次上课不断锤炼学生的作业，特别重视间架的推敲，秉明常说曾被他锤打的幸运。

1949年，巨大的冲击波震撼了留学生们，中国大陆解放了，每人须重新考虑自己的前程：继续留下学习抑或提早回祖国去。这成了我和秉明等不断讨论的新课题。秉明1950年2月26日的日记中记到我们在大学城谈了一整夜关于艺术创作和回国的问题，他将焦点归纳为两个对立面：一、从事艺术工作必须先掌握成熟的技巧，没有足够的技巧，不能得人信赖，如何回去展开工作？二、抽象的纯粹技巧是不存在的，作为艺术家得投入生活，在生活的实际体验中创造自己的技巧，形成自己的风格。我们的讨论继续了一整夜，分手的时候已是早上七点钟，秉明回家倒头睡去。一觉醒来已是1982年，三十年过去了。这三十年来的生活就仿佛是这一夜谈话的延续，好像从那一夜起，我们的命运已经判定，无论是回去的人，是留在国外的人，都从此依了各人的才能、气质、机遇扮演不同的角色，以不同的艰辛，取得不同的收获。当时不可知的、预感着的、期冀着的，都或已实现，或已幻灭，或者已成定局，有了揭晓。醒来了，此刻，抚今追昔，感到悚然与肃然（以上见熊秉明著：《关于罗丹——日记择抄》中《回去》篇）。最后秉明暂时留下，我于1950年秋回到了北京，我是否做了他的探路者呢？或许是的。返京后在文艺整风及反右等一系列运动中，我被批为资产阶级形式主义的放毒者。祸从口出，谈话都须十分小心，直抒胸怀的艺术家们都成了噤若寒蝉的可怜虫，我给秉明的信于是很短很短："今生我们恐怕已不能见面，盼我们的作品他日相晤，待她们去互吐衷肠吧！"我深知秉明对故土的情怀，他彷徨了许多年，终于告诉我已将他的寓所定名为"断念楼"，我复信：楼名断念，正因念不能断也。

改革开放，换了人间。20世纪80年代后，我和秉明在巴黎、北京、香港、台北多次相叙，白头宫女说玄宗，我们不说玄宗，不谈艰辛，我的白发与他的秃头透露了各自的生活轨迹、艺术中的苦乐。他自己驾车拉我一同去访梵高之墓，正值风雨，我们在墓前的合影显得格外惆怅。我们又在巴比松米勒故居前一条石凳上留影，他说前不久余光中来访，也曾在这同一条石凳的同一位置与他合影，连照相的姿势都相仿。

当我们在巴黎的学生时代，秉明着力于创作大型的具纪念碑性的写实题材，如《逃奔的母亲》《孕妇》《父与子》等，他参加春季沙龙、秋季沙龙、五月沙龙、青年雕刻沙龙，在画廊举行个展，步着所有巴黎的艺术家的道路前行。应该说是罗丹引他进入了雕塑之国度。罗丹嫁接了雕刻与文学，他将哲学、文学捏进了泥团，他的作品是造型的，更是思想的。西南联大哲学系的毕业生熊秉明学生时代就景仰罗丹，他从东方遥看西方的罗丹，又在西方通视罗丹，令他反思东方。《关于罗丹——日记择抄》（曾获中国时报散文奖）是他40年代在巴黎时思想和认识的最真实的烙印，并反映了我们这些二三十岁间年轻留学生当时的胸怀和思绪。50年代，秉明开始铁焊雕刻，利用现成的或废旧的铁片铁块铁条铁钉，一经锤打，巧妙地构成狼、犬、乌鸦、鹤、鸽子……敏锐而锋利，半抽象的形态，我一眼看到了八大山人的探索心态。作品予人简洁、洗练的水墨大写意式的抒情感，具中国传统中追求的逸品情致。这些作品引起了巴黎美术界的关注，当时权威性的《法兰西文学报》以突出篇幅予以介绍，法国现代雕刻丛书中也赋予了一席之地。但秉明无意营造自己的光环，后来他又从事铜铸水牛题材的创作——是牛，也是他家乡马帮们的铜头铁臂长期压在他心头的沉重。

儿童游戏完全是凭兴趣，经常改换游戏的方式与种类。秉明由哲学而艺术，在艺术的执着中又不断更换思维方式，对雕刻、绘画的各个方面，都想摸透，一经摸透，又萌生了新的尝试，真有点近乎儿童在游戏中的任性。他曾说达·芬奇曾经把生活消耗在那么多各种各样的作业上，而一无所成，因为都有个止境，他只得放弃。我曾对秉明说："你对艺术，只恋爱，从不考虑结婚。"游戏不产生代价，纯艺术创造不属于社会职业，秉明必须也有一个职业，他于1962年起应聘任教法国之第三大学东方语言文学院，当教授兼系主任。当了教授，必须以主要精力从事教学，如何将中国语言文学及书法注入西方人的血液，这成了他新的创造性工作，或者说，这也是创造性的艺术工作。驻北京法国使馆的一些能说华语的文化使节中，不少人曾听过秉明的课。有一次我乘法航班机，与我用法语交谈的服务员原来也是秉明的学生，他随即改用华语同我交谈。法国教育部曾授予秉明棕榈骑士勋章，恐不仅仅由于他的艺术创作和著作，亦由于他对教学的独特贡献。

我没有读过秉明的法文著作《张旭与草书》，只读过他的《中国书法理论体系》（香港商务印书馆出版），于此他将中国书法的结体解剖得龙脉清晰，将书法体形的演变归纳、建立成完整的全新的体系，这得力于他哲理的辩证、造型的剖析、诗的品位，也由于他给西方人传译东方艺术精神的独特体验。黄苗子（1913—2012）先生读后，惊喜地说他几乎不敢再写书法方面的文章了。1982年至1992年间，中国艺术研究院及中国书法家协会等邀秉明来京办过三次讲座式的书法学习班书技班、书艺班、书道班——发乎技，通过艺而进入道。教书生涯中秉明仍未忘情于艺术创造，在法国、韩国、新加坡，以及中国昆明、台北等地不断展出雕刻、绘画、展览会的观念或者观念的展览会等。他将铸造多年而成的父亲熊庆来先生的铜像赠送中国科学院数学研究所及云南大学陈列室。他写了篇《忆父亲》发表在《人物》杂志上，文前引了希伯来的谚语：当父亲帮助儿子的时候，两个人都笑了；当儿子帮助父亲的时候，两个人都哭了。他塑了父亲，亦塑了母亲，我觉得他的母亲像更比父亲像感人，为中国数学奠定基石的熊庆来先生的包容量太大，而儿子眼中的母亲却十分单一、明确。

秉明自己说，他不易大欢乐和大悲痛。他的悲欢之情似乎受控于哲理之平衡、生命之规范。但相反，他的悲欢之感的触角却分外地长、分外地细，有时甚至近乎纤细了。读他分析作品的文章，他那打铁的手却变得俏巧了，像剥笋壳似的，一层层剥到作品最娇嫩的深层，裸露其隐私。他写的《看蒙娜丽莎看》，似乎将蒙娜丽莎连同作者达·芬奇一同送进核磁共振里照了个通体透明，但仍有透视不明处，他说："她的眼睛里果有什么秘密么？你想窥探进去，寻觅，然而没有。欠身临视那里，像一眼井，你看见自己的影子。那里只有为她所观测、所剖析你自己的形象。"我们巴黎美术学校与卢浮宫隔河相对，一桥可通，课余随时可免费入宫参观，我看过无数次蒙娜丽莎，却从未注意过秉明之所见："没有发饰，没有一颗珍珠、一粒宝石，没有一枚指环，衣服上没有些微绣花，她素淡到失去社会性、人间性。只要比较一下文艺复兴时代女子的肖像，就立刻可以发现这一点。她的诱惑不依赖珠宝的光泽、锦绣的绮丽。"去年，秉明寄我一篇新作《观剖腹取婴记》，我们虽一辈子面对赤裸裸的模特儿工作，血淋淋的剖腹取婴的场面完全不同于艺术工作室，但更彻底地暴露了人的原始创造，令长期面对人体的艺术家震撼。兹录原文一小段：

……和我画过的那个男模特儿一样，她被固定在一个十字架上，一样赤裸着，且加倍地赤裸着，在正常的分娩情况下，她的两腿也是分开来拴住的。她完全敞开来。她没有羞赧。不容她羞赧，因为她已被还原到生理的基本形式，她必须暂时把种种文化的衣饰与社会的意识都抛弃、忘却。超越一切污秽与亵渎，也无所谓神秘与圣洁。最后她是一个哺乳动物的母体，一个胎生动物的母体。她不为她的器官羞赧，相反，她听命于那器官的痉挛与开合。那器官确定她的活动程序。她必须具有母体磅礴的生育力，她必须唤回原始牝兽的猛壮，发挥母性远古的本能，产道中滚烫地翻腾着生的欢喜和痛楚。生与死的问题就要通过这隐蔽的穴道来解决。

但是今天这腔道不能使用了，那两个生命是紧紧相牵连，两个生命必须分开来，而一个生命的生成胁着另一个生命的死。显然这鼓胀的腹部已不能等待。这一个大结，是死的结，是活的结呢？我们只得举起亚历山大的利剑，夺出婴儿恺撒。面对这庞然与浑然，我们得毅然决然游刃于经脉纠纷、血网密织之间，在血泊中，夺出希望。（注：据说罗马皇帝恺撒的诞生是剖开母腹取出的。传说亚历山大举剑劈开神奇的绳结而得征服亚洲西南部）……

秉明不久前搬了家，他来信："……这里是巴黎东南郊，较远，坐火车得四十多分钟。但大环境甚佳。小镇清静，周遭有大森林，距家五分钟有公园，其中有一、二、三百年大树，巨大婆娑，我相信你会喜欢。你的文集中有一篇专歌赞大树古木的。它们在那里，好像久已等候我们的来到。如果你再有机会欧游，欢迎你来小住。"海内海外，似乎我们都日益远离闹市，依傍树木了。

1998年

追求天趣的画家刘国松

早听说刘国松的画要来北京展出，我已盼望了很久。他的画带来新颖，我们过多依据传统的老食谱，希望换点口味；他的画带来新奇，定也有人认为看不懂，不习惯。刘国松1932年诞生，山东益都人。在抗日战争初期，他的父亲战死沙场，母亲带着他颠沛流离于湖北、陕西、四川、湖南、江西一带。他十七岁到了台湾，从台湾师范大学的艺术系开始踏上他艺术的征途。他学习传统的中国画，学习西洋的油画，他探寻中西结合的桥和路。他的艺术活动已遍及欧、美各国，作品深得好评，为许多国家重要的博物馆收藏。一个中国人将中国传统的绘画向新时代推进了一步，向西方世界显示了东方艺术的特质与骄傲，应该引起我们的重视和兴奋，我们以激动的心情来欣赏、品评这批艰苦劳动的成果，这确是难得的良机！

人们曾直接间接进入过令人神往的境界：茫茫的雪山，浩浩的海洋，岩崖起伏，黄沙奔腾，前不见古人后不见来者的幽谷，千里江山万里浮云的太古……是云层？是流泉？亦是，亦不是。从何来？何处去？不知。那是一种境界、一种气氛，是人们向往的境界与气氛。小小的自我要求向宇宙扩展开去，人啊，总想在宇宙中驰骋，征服宇宙，获得最大的自由，所以人人欣赏"气魄""气势磅礴"……正是由于这种追求与联想，穿过三峡的时候，我们感受中的三峡比真实具象的三峡拔高多了，后者不过点燃了艺术的火花。画里三峡多着呢，大都远远不能满足人们感情的容量，因为作者太胆小,太拘泥于具象,"千里江陵一日还",诗人比画家更敢于运用抽象手法!刘国松的绘画手法是综合的,亦具象,亦抽象,他努力引读者进入那令人神往的境界,途中所遇大都是似与不似之间的雪山、海洋、岩崖、黄沙、幽谷、太古、云层、流泉……但更主要的是通过画面的茫茫、浩浩、起伏及奔腾等等的气氛,使读者在感情中获得"气势磅礴"的满足!

刘国松汲取了西方现代的抽象手法,又依据了中国山水画的传统素质。这个传统的素质体现在哪里呢?唐、宋间的山水画,以荆、关、董、巨及范宽等人为代表吧,都予人气象万千与元气淋漓的感受。作者们在巨幛大幅或咫尺素绢中表现了崇山峻岭、块垒连绵、天地悠悠等博大宽阔的空间深邃感,首要的重点课题是解决画面的结构安置,包括块面大小的分布与组合、平面分割中的对照与连贯。如果这一结构安置中缺乏胆识与匠心,浪费了珍贵的地盘,则画面必然落入平庸,必然章法不佳,气韵也就绝不可能生动,这不是笔墨所能补救的要害。用马蒂斯的话来说,就是画面中绝不存在可有可无的部分,凡不起积极作用的定起破坏作用。刘国松在猛攻这个结构大关,他画面的气势和神韵是建立在结构这个根基上的。他的结构变化多端,形体伸缩往往出人意料,从心所欲不逾矩,亦逾

荆浩　匡庐图

矩，逾那陈规陋矩，有些规矩早已老化了！元、明以后的山水画偏重笔墨，在白色纸底上用毛笔蘸墨勾勒渲染出具体形象，笔墨起了极重要的作用，经过长期的积累，笔墨的变化亦丰富多样起来。然而笔墨的效果往往局限在具体形象的表达方面，对整个画面组织结构的安排不易起决定性的作用，有时甚至因为拘泥于笔墨的局部变化而有伤整体的统一。所以，石涛说大画要画得邋遢，即是说大幅画面主要应全神贯注于整体效果，局部"邋遢"也无妨，而且是不可避免的。刘国松专注于画境的效果，全不着眼于笔墨的程式化，而且工具何止于笔与墨呢！

要表现辽阔深远的空间境界，绘画上必然遇到一个关键问题：如何解决大块面积的处理，既要丰富耐看，又不矫揉造作，否则便落入大而空，或者只是繁琐局部所拼凑的大场面，画面大而境界小。看得出来，刘国松对面的处理是绞尽脑汁的，他多方探索表现手法中的天趣自然与复杂多样，他在惨淡经营中发现了一种糊灯笼的粗纸，可将其纸筋层层剥落，他于此设计加工，特制了成批带有纸筋的纸，作画后可根据意图撕去某些纸筋，呈现出天趣自然的"肌理"。这肌理，与蜡染的冰纹、碑拓的裂痕可说是异曲而同工。大自然天趣启示画家，画家永远追求天趣，并因势利导地利用和控制天趣，刘国松创造他的画境时，运用的形体来自自然，但他并不局限于表现的一定就是山山水水，虽然人们从他画面中感受到的多半是山水的氛围。

刘国松说："我一直反对以胸有成竹的意思来作画。"此话怎讲？造型艺术创作中，作者是在探寻、深入到前人未曾到达的意境，形式的成败决定意境之存亡，意境与绘画形式不可分剥，这里不同于故事情节的说明图，因之画竹不宜先有程式化的定型之竹。作者们谈话总是偏重自己实践的可贵经验，毕加索说："当我作画时，像从高处跌下来，头先着地还是脚先着地，往往事先是并不知道的。"

刘国松走过的路已相当长了，在西洋画和中国画间做了深入的比较研究，在写实和抽象两方面做了大量刻苦的实践，对技法、手法做了多种多样的试验，他的成就标志着我国古老传统正在多方面获得新的青春，中华儿女绝不只是伟大传统的保管员！

1980年代

静观有慧眼
——郑为作品简介

"宁静以致远"。思想家善于静思,诗人需要静思,画家当然也需要静思,不过很多画家容易激动,感情外露,我自己就是属于这一类型。老友郑为正相反,沉着、多思,情意隐匿于静穆之中。我和他夫妇曾一同去青浦县的水乡朱家角,我们从一家油漆铺的柜台前,发现其后门正对着一条缓缓流去的小河,小河曲曲,河上跨桥,桥下轻舟正向店铺摇来,似乎可一直摇进店里,一幅多么生动的借景!我先激动了,同店主人商量后,我们进入店铺,到后门口对准小河照相。郑为却有了新的发现,说我们应退回店铺外,从柜台开始照通过后门见到的小河,若在后门外孤立地单照小河,便失借景意境。我永远不会忘记我们在构思中的这次遭遇战,我失败了!

在国立艺专的学生时代,郑为并不肯将时间精力全部抛在手的技术上,他课余总爱读书。毕业后也就专从事书画鉴评及美术史论的研究,在上海博物馆工作的几十年中更是掌握了大量史料,写出了不少有分析、有独特见解的论文。20世纪60年代我在《文物》上读到他的有关石涛的评介,很有深度,认为他是专心一意的理论家。有一回过上海,偶然闯到他家,不意他那斗室里挂满了画,油画、水墨、水粉,除极少几件是友人或他夫人之作外,其余都是他自己画的。画面清新、亲切,石涛的情趣、塞尚的构成,都有踪迹可寻,有些显然是得之林风眠老师的启示。史论家郑为从未忘怀绘画创作，他的画意绵绵未绝，随着岁月的推移而默默伸展——土地永远是温暖的，因为他心里有强烈的火焰。人们以为郑为只是理论专家，郑为没有必要表白自己是画家，他在斗室里作画，作品挂在斗室里，不是为了赶展出、赶发表、赶时髦、赶……他画，是由于某种内在的冲击吧，没有人来挤奶，奶还是要流出来！

基础的广博是画家之福。中西结合、书画相辅、古今相通，都体现在郑为的绘画探索中，他重视诗的意境、构图的推敲、色彩的提炼、西方的构成、中国的笔墨……他表现成片明镜似的水田，田边芦花白了，那是秋冬季节，寒意袭人；渔网伏在小河里，网间微波粼粼，岸上丛树隐蔽着几间小屋，村道无行人；滨海一条寂寞的胡同，悄无人影，干干净净的台阶、门窗、石头，相视无语，想来先已商略黄昏雨；宇宙中心唯见皑皑雪山，一片冰心在玉壶，天际的微红温暖了冰雪世界……作者的画眼总着落在无声处。他也画人家密集的江南小镇，石拱桥被紧紧包围在鳞次栉比的人家中，但他没听见甚嚣尘上的闹市杂音，此时无声胜有声，作者惯于闹中取静。从这些选材和处理手法中看，作者偏爱宁静的、内向的意境。他排斥画外噪音，正缘于要倾吐自己的声音，诗是心声，作者珍视画里诗境。

郑为在创作中总控制着感情与理智的平衡，从不发狂，从造型到设色总予人典雅的美感。在那水田与芦苇的相映中，他冷静地处理水田的几何形与芦苇的点线间的对比与协调，粗犷与柔细的对照中，也总保持着适度的分寸。在稠密、纷扰、活跃、动荡等情调的对象中，作者也总在其间清理出条理来，激情中不肯失态，吐词仍字字清晰。在满幅藤叶与葫芦一类的画面中，更明显地透露了这方面的用心。这种宁静中的细致剪裁，也运用在他的许多瓶花与桌面的形式组合中，万物静观皆自得，郑为经常出入于静物世界中。

郑为以专家、书法家的身份随上海博物馆的文物展出去美国了，但很少人知道画家郑为去美国了,这位具有敏锐眼力的东方人将汲取哪些西方营养,日后将会产生怎样新颖的作品呢?我们期待吧!

1980年代

闻香下马

——品罗工柳艺术回顾展

从我的住处方庄到炎黄艺术馆，路途遥远，交通不太方便，我平时少出门，炎黄艺术馆仅去过寥寥数次。罗工柳（1916—2004）在那里举行艺术回顾展，深巷酒香，闻香下马，我赶去细细品尝了六十多年前老同窗的六十多年的佳酿。

1936年，我和工柳同时考入国立杭州艺术专科学校，他的素描是班上佼佼者，作风大刀阔斧，形象肯定而正确，着眼全局的整体效果。现在看来，杭州艺专预科三年扎实的素描基础做了他革命木刻的垫脚石，那种素描的观察方法和表现手法与他的木刻形式之间没有鸿沟，几乎没有隔阂。白头同窗说杭州，我们深深体会到当年林风眠艺术教育思想对中国美术发展的重大贡献，如果不是由于这种中西结合美育思想的哺育与启发，则我们今天又是怎样面貌的画人，很茫然。罗工柳从苏联学习回来，带回了《伊凡雷帝杀子》等纯属西方油画的技法，吃饱了牛肉了，却成为更壮实的中国人。他以西方油彩的块面塑造来丰富、充实自己原先像"地道战"等的叙述手法，从"叙述"到"表现"的演进中，他以中国的写意风韵融入西方油画的写实手段，赋严谨的油画以舒畅的宽松感。这种舒畅、抒情的韵味在他晚期的作品中愈来愈突出，他竭力以彩色点、线、面的协奏感染人，他说得少，唱得多了。说说唱唱，他朗诵诗歌，他在诗意中探寻画境，画境中捕捉诗的身影、诗之魂。诗画之间的邂逅确似捕风捉影一样困难，作画题诗绝不等同于诗画的真正结合。点、线之韵将罗工柳引入了书法的长河，我们的老师吴大羽说过："书法是挥发形象美的基地，属于精炼的高贵艺术……因那寄生于符记的势象美，比水性还难于捕捉，常使身跟其后的造像艺术绘画疲惫于追逐的。"晚年的罗工柳，尽量减轻油画的荷负，轻装奋力向东方追逐神韵，唯恐来日无多，于是同时又直接驾驭书法，并自己用笋壳等纤维材料创造书写工具，创造便于赶路的舟、车。我看到奔驰中的罗工柳的身影，快捷，勇猛，人们能相信他是动过几次手术的癌症病人吗？医生惊讶地称他为外星人。这个外星人呀，他确乎在追向"韵之星球"的太空中忘我了，癌细胞追不上，也许被他的快速运转甩掉了。

  我直接、间接认识的艺术界同行、师友、学生，大致可分为两类。一类偏艺术气质，酷爱自己的业务，专心于探索、钻研，孜孜不倦，不爱参加社会活动，经常遭到"白专道路"的批判，多半潦倒终生；另一类重视职称地位，艺术一度被作为敲门砖，力争官衔名位，工夫在画外。罗工柳从未失艺术的赤子之心，他年轻时凭热血投身革命，是一个赤胆忠心的共产党员。他为党的需要刻木刻，画年画，设计人民币，画革命历史画，组织领导革命历史画的创作队伍，担任中央美术学院的副院长，为行政工作支付大量的精力，但没听说他为损失了自己的创作时间而嚷嚷。读他的回顾展，观众在每一类每一件作品中，即使是拇指大的小画中，不仅可体会到作者创作时的严谨，并能感受其充满真挚情意的心态，寓激情于宁静。他为设计人民币到少数民族地区收集资料所画的大量速写，形象准确生动，画面处理十分完整，疏密得体，即便全用线组织构成的形象，仍牢牢把握住块面对照的整体效果。有一时期我在艺术学院任教，我们学院请罗工柳为师生谈创作时他说过："要睁大着眼睛观察。"这次我们在展厅中对话，我忽然想起这句话，说："什么叫睁大着眼睛，这话不贴切，无非是指要从全局观察，不可'谨毛而失貌'。"他笑了，两个白头人笑了，这笑引我们重温杭州母校学艺之初所接受的对绘画的基本观点。

回顾展展示于我们面前的罗工柳是个革命的打杂工，他一辈子为革命工作勤勤恳恳打杂，但这个打杂工，却在打杂中见肝胆。他创作的《前仆后继》用深沉墨黑的背景突出矗立与伏卧在尸体上的白衣人，强烈的视觉感引发强烈的悲剧效应，点燃了观众的复仇火焰。这样的处理手法在当年真是胆大包天，后来画遭毁，作者挨打，亦必然结果。我的回忆中，罗工柳没有利用他又红又专的资本经营名利地位，或忙或闲，或进或退，他始终对艺术一味痴情，一片冰心，看他临摹麦积山的那些古代壁画，他陶醉其间像误入仙境乐而忘返的儿童。他是民间艺术的知心人，又是古代艺术的知音。罗工柳的艺术回顾展展示了一个真正的中国艺术工作者七十年来的勤奋辛劳，展示了果实是怎样成熟的。园丁们，想成大树的有抱负的年轻作者们，如你们不看这样年轮如画的美展，是大遗憾。

做出了高质量贡献的罗工柳从不居功自傲、盛气凌人，当他位居党内专家的有利地位时，我被视为是资产阶级形式主义的代表，我们相遇时仍保持老同学情谊，不过我也从不去串门，彼此相叙不多。这次在他回顾展中踏着人生回顾的轨迹，畅谈对艺术的感受，人老了，童言无忌，倒返回青梅竹马两无猜的心情了。

1996年

安居乐业漆画乡
——谈乔十光的艺术

　　素白的宣纸与墨黑的漆,都极美,朴素大方之美,是经考验了几千年而不被淘汰之美,是我国传统艺术栖止的温床。美国当代作家劳森柏赶到泾县投入宣纸的怀抱求索新艺术,他说还要再来中国与黑漆打交道,他在黑漆中看到了现代艺术的新生命。漆作为我国传统艺术所发射的光辉享誉世界。有出息的子孙不吃爷爷的老本,如何利用漆的材料美之特色来发扬中华民族的当代艺术,这正是今日为数尚不很多的漆画工作者们努力的方向,乔十光便是其中代表性作者之一。

　　我认识乔十光时,他还是中央工艺美术学院的助教,非常用功,刻苦钻研,画风极质朴;人呢,一身乡土气息,山东乡下人的憨厚气息,话语不多。接触久了,发现他对事情、人情、艺术的分析及理解都是认真思考过的,不人云亦云;尤其在翻云覆雨人与人钩心斗角的混战考验中,他始终保持着正直平稳的做人准则,不失艺术工作者的赤子之心。他向张仃、张光宇(1900—1965)、庞薰琹等老师虔诚地学习过,从未在特殊的恐怖环境中伤害过老师。在反对"资产阶级艺术观"的压力下,他长期同我研讨形式美的规律,渴望了解西方现代艺术,每有新作总找我看,往往在夜间背着大捆画到我家研究,我毫无保留地品评,我们是相互信任的。后来我们又曾一同下乡,进入浩浩竹海,穿越惊险乌江,他的吃苦耐劳和对艺术探索的真挚心情令我感动。他在写生中一丝不苟,尽量想表现得充分、透彻，总是从日出画到日落；在艺术上严谨，在生活上却非常草率，随便吃点什么都可以。

　　乔十光的画追求饱满、厚实，画面洋溢着浓重的生活气息，多半是乡土气息。他的造型基本功是扎实的，他在刻画形象或组织画面中同时赋予装饰风格，自然形态被整理、归纳入简约、整齐的艺术秩序中。他逐步走上了漆画生涯，他经常围着围裙，磨，磨，磨，将他的绘画磨进了黑漆之深层。画进入了漆世界，嫁于工艺之家，于是孕育了新胎，诞生的新生儿是乔十光的，并已是属于传统的漆画的新的一代。我没有漆画的实践经验，但我感到漆画在新颖之美、传统材料之美中焕发出现代造型美。乌黑而光泽的漆桌、漆盘、漆盒，画面像深沉的海，海底浮现出金鱼、亭台楼阁、仙山神女……世世代代都已看惯这些程式化了的精致工艺，趣味毕竟陈旧了！乔十光将现代生活引进了漆世界，或者说将漆画引进了现代审美领域。这关键在于提炼现代生活，推敲形式法则，并如何使之与漆工艺之特性融为一体。从黑底色上呈现出形象之角色，对主角、配角、道具之挑选是十分严格的，黑漆贵于乌金，这里绝不容许滥竽充数的演员，相反，倒应尽量让黑漆葆其一统天下的威力与魅力。漆之黑与宣纸之白是等值的。中国画上没有涂抹形象部分的白纸不是空荡荡的空白，以白当黑，保留下来的白纸已是落墨处的矛盾对立面，黑与白相辅相成，故素地的面积、位置及形相均负担着画面造型的重任，已绝不是任闲人乱闯的多余空地。同样，漆画的黑，也关系着画面整体空间的完整性，乔十光的《渔村》就牢牢控制着黑的分量，充分发挥了黑的优势。黑漆固然善于托出明蓝、鲜红、娇绿等等色彩，但如缺白，则画面往往只偏安于暗沉沉的色调，缺乏舒畅感。生长于北方的乔十光发现了江南水乡之美：那明亮的水色湖光，那白净的粉墙，她们协同托出了乔十光所苦恋的黑漆之美——黑的瓦顶。黑漆世家迫切需要收养异姓娇儿——白。于是乔十光奔走物色，最后用鸡蛋壳镶进了画面，蛋壳的质感和谐了漆之光泽，她从此便在乔十

 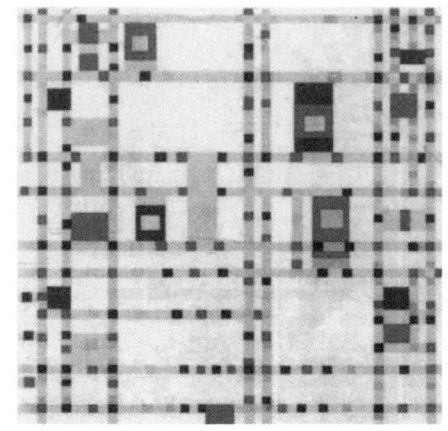

蒙德里安　油画第1号（1913）　　蒙德里安　百老汇爵士乐（1942—1943）

光的漆画中落户了，时而呈现为民居之粉墙、明亮的石桥，时而表现为素白的衣裳。沉着，但也易沉闷的传统漆画传到了乔十光，开始转向明快与华丽，华而实，不失端庄，如他的大幅漆画《泼水节》及《青藏高原》。他的作品无论大小，都源于生活，是从他一笔一画一丝不苟的写生稿开始，逐步概括、提炼、演化而来。如屋顶上的瓜藤、密密的瓦纹托出了大团块的瓜、小片片的叶与穿流的线，都只是现实生活的启示。一幅强调了木构架的山墙上，黑漆浓缩在一个方方的窗户里，窗前盆栽二枝花，内行一看就明白，荷兰画家蒙德里安（1872—1944）也给了他启示，现代西方构成的共性规律被引进了中国寻常百姓家，这幅素材我是看着他在四川竹海深处写生的。

20世纪60年代，乔十光在漆画现代化方面就开始做开拓性的探索，他的努力获得了可喜的成果，引起了人们的瞩目。改革开放以来，造型艺术的多种手法不断引进，有才华的年轻美术工作者大量涌现，漆画也日益繁荣，确乎进入了中国漆画大复兴的时代，毫不夸张地说，乔十光在其间是起了主导作用的。我喜欢乔十光的漆画，主要喜爱其质朴方面，其作品中有两类倾向我并不欣赏，一类是过于刻板，太图案化；另一类是他新尝试的流动型抽象感，尚不成熟，色调欠和谐，未能抒发自己的节奏感。长期相处，我认识乔十光的艺术素质偏厚重，与质地厚实的黑漆是情投意合的，他找到了理想的对象，愿天作之合百年偕老。

1980年代

袁运甫的寰宇

我于1964年调入中央工艺美术学院，与袁运甫相识，我们同系共事，相处融洽，迄今四十年矣。

工艺美院有一股暗流，就是怕学生爱上绘画便影响工艺专业。教绘画基础课，我作为打工任务是无妨的；但观念上，认为造型根基不深厚便提不高设计能力。因此绘画教师与设计教师之间有一层隔膜，彼此看对方不清晰。而袁运甫，他作为专业教师，一直强调绘画基础，他热爱绘画，自己绘画功底厚，素描、水彩、油彩，十八般武器件件熟练，这便是我与他之间的纽带，我们从友谊到相知的永不枯竭的源头活水。

惺惺相惜，我们更深一层的彼此理解是在"文革"下放农村，在李村，在巨大的压力下偷偷作画的苦乐中。我无奈中利用了粪筐做画架，第二个背起粪筐的就是袁运甫，我们二人无愧是粪筐画派之首。写生本身是一种战斗，没有这种基本的战斗经历的人要上艺术战场，难以设想。我和袁运甫是在长期写生战斗中培养的战斗友谊，我们仿佛是走过了艺术长征的老战友。我们经历过的战役从上海、苏州、吴县、黄山、武汉、三峡、白帝城、万县、重庆，一直到浙江温岭及胶东的许多渔村，我们画过同一个对象，或各画不同的对象，在作品与被写生的对象的差异间，彼此比较，便更深入理解各人的着眼点与不同情思。这种令人陶醉的艺术生涯蕴育了我们的人生气质和艺术素质，我们对此永远怀念！

袁运甫似海绵，他吸收一切养分。从院内的张光宇、张仃、庞薰琹、祝大年、郑可（1906—1987）等老师一直到社会上各画种的专家，甚至学生，他从不放过学习的机缘，至于国外当代各门类的突出代表，我是连名字也不熟悉了。他精力充沛、贪食，又有一个强劲的胃，善于消化。另一面，他爱才，恨不能收尽才华为我院所用，这方面他寄厚望于清华大学美术学院，并时时流露这种心态。

袁运甫的写生绘画作品，我比较熟悉，他对形的掌握十分严谨，对色力求强烈而丰富，他的画面充实，每次作画如欲予读者丰盛之宴，这位厨师善于调料，肯下细工，但求创造出真正的美食，今日看他数十年前李村的作品，仍散发着当年简陋厨房里烹饪的余香。他作水墨，从传统荷花的变种到现代钢桥的构架，探索之中力求超越时空。精力过人的老袁永远紧追时代，他跑得快，我已老迈，往往看他远去而欣赏其背影了。他作了许多大型壁画，我未能尽睹。大型壁画又有大型的新问题。"尽精微而致广大"，这话值得思考，尽了精微未必能致广大，甚至有碍于广大，堆砌与延续绝不等于广大，但这在当前却有泛滥的倾向。在广大中又尽精微的作品肯定不少，但要害是致广大，传统中精微不广大的壁画不足为师，新时代的新壁画如何结合新环境、新情调、新气氛，有待子孙的大胆创新。袁运甫看尽古、今、中、外的壁画，正肩负着创造新传统、启发后来人的重任，他的寰宇无限量。

2003 年

拆与结
——说王怀庆的油画艺术

孩子们玩积木，堆积了推倒，推倒了再堆积，忘我于艺术创造。

王怀庆起先注视绍兴民居木梁木柱的构架，由于白墙的衬托，那构架纵横穿插，倾斜支撑，充分显示了力度的强劲，并自成宇宙一统。由此前进，他又爱上了明式家具，桌椅、板凳……结构更为精密，每件出色的家具不止是一件完美的艺术品，更是一家之主、一国之主，他于此看到《大明风度》（他的一幅作品名）。

然而他并非为家具而迷恋家具，或拜倒于文物的石榴裙下，他动手拆毁精确的大匠之构建，他看明白了构建之为构建，自己要重新构建了——他以童心发展民族的传统，如孩子敢于以积木构建大厦。

王怀庆从美术学院附中、大学到研究生，受过严格科班训练，早年的具象油画《伯乐相马》及《搏》等赢得了他在美术界的实力派威望。后去美国两年，他说他是带着我的两句话上飞机的："只有中国的巨人才能同外国的巨人较量，中国的巨人只能在中国的土地上成长。"我说话总多偏激之词，但王怀庆倒真的又回到了祖国大地。寻寻觅觅，他也在东寻西找，探索古今。他长期驰骋于油画彩色缤纷的疆场，后来却钟情于黑白视野了。这个切入口起先很窄，别人担心他只在桌椅间讨生活，前景堪忧。这个切入口像一个山谷的入口，进入之后也许是绝壁死谷，将大哭而回，或柳暗花明，将发现新大陆。近十年的钻研，这个王怀庆之谷显得愈来愈开阔了，他从明式家具的启示进入钢筋铁骨的铸造，而他的钢筋铁骨的蓝图却始于任性的、童心的挥写，冰冷的躯体不失丹心碧血。碧血，我感到他艺术中潜伏的悲剧意识。他的《夜宴图》表现曲终人散，灰飞烟灭，黑色的幽灵在倾吐"钿头银篦击节碎，血色罗裙翻酒污"的昨日豪华。这一曲悲歌依附于黑色块面的跌宕，线形之巨细对照及横斜荡漾，古典诗词或现代曲调被译入了形式的节律。他的近作更多表现对传统观念的拆与结的大变革、大伸缩：一张瘦的桌子的横竖身段联袂绘出了一个清癯的老人，一把长剑从天而降，是威胁？是卫护？情势严峻（《两个时间里的一张桌子》）；杂技的椅子功在惊险中步步登高，视觉的惶惑伴随着心态的悬念（《椅子功》）；椅背椅腿济济如林，疏疏密密好风光（《横竖》二联幅）；小板凳厚实如墩，霸占了整个天宇（《小板凳》）；满目纵横，被拆散的家具之臂腿正在寻找新的安身立命的家园（《寻找》）；横断的桌面，乌黑从高处压迫深红的空间，细瘦的腿齐力支撑，歪歪斜斜，幸有两道上升的黑支柱，平衡了画面宇宙，朱红小色块是烛，是眼，是心脏，是溅洒的血（《足》）；三联幅《金石为开》是鸣金，是短兵相接，是力的攻击，不惜粉身碎骨；三联幅《大音无声》疑是失落的山野，难辨荒漠断崖，却有急流奔泻——齐白石步入山林，听到了蛙声十里出山泉，王怀庆爬上当代人才能到达的层面，用视觉感受人间万籁。

西方的克莱因（1928—1962）、苏拉热（1919—）等不少画家均在揣摩、吸取我国书法的黑白构架之法，而王怀庆的构架不只是单一的形式规范。因民族的魂魄，石涛的心眼，都启示了王怀庆探索的方向，我对其作品的感受或联想未必是作者的暗示，作者竭力发挥"黑"之威慑力，强调黑与白的交织，推敲肌理的铺垫，经营无声有序的生存空间，以孕育童心。

我曾写过一篇短文《疾风劲草说王怀庆》，我们曾属同一单位，因

"文化大革命"期间深识王怀庆,今见其新作,信乎风格即人格,其强劲的结构观念正在步步展拓,其作品中的赤子之心日益鲜明,他默默拼搏,艺无涯。

2000年

我的两个学生
——钟蜀珩和刘巨德的故事

说是故事,其实是印在我心头的两个形象。

钟蜀珩,原是我班上的高才生,她色彩感觉好,造型功力扎实,画的品味纯正,人品纯正,单纯。虽说画如其人,但实际中,画品与人品并不一致的例子古今中外比比皆是,缘于人生太复杂。钟蜀珩后来又成为我唯一的研究生,仿佛是独女。研究生期间,我其实没有教给她什么技法的秘密,只是身教言传,她有较多接触我的机会,有了作品随时给我看,听我的指斥,我总是批评多于鼓励,不是一个好导师。但她对我的理解胜于我对她的了解,我对她的了解只偏于她的绘画。她写过一篇短文《我的老师吴冠中》,谈到我是感情绝对外露的人,我的血液承担不了我的情之浓烈,如不是有绘画分担,不知我的一生将怎样活法……这是我记得的大意,我当时感到震惊,表面温良的她原来看准看透了她的导师。郁风读到此文,赞扬我得了一位知音的女弟子。

我每作画,听到赞扬声多,这不算数,我必须请王怀庆、乔十光、李付元等等几个有眼力而说真话的朋友和学生看,其中首先是钟蜀珩。

钟蜀珩有了恋人刘巨德,刘巨德虽亦是中央工艺美术学院的学生,不同系,从未与我接触,我不识。钟蜀珩将我的观点、言行统统传染给了刘巨德,刘巨德患了对我的痴迷病,比钟蜀珩更甚。仿佛是钟蜀珩的裙带拉刘巨德,进入了我的艺术之家,他敏慧心细、深情不露——单从他那高大壮实而拙于辞令的表面是看不出来的。比之刘巨德，钟蜀珩的才思不如他鲜活。

钟蜀珩后来集中精力去学英语，做了些翻译著述色彩的工作，加之课务重，作画少，她对作品要求严格，绝不粗制滥造，知之多，反而显得难产。而刘巨德则抓紧一切时间默默作画，根在泥土中伸展，那地面的枝叶必然日益茂盛。这对画家夫妻在家彼此提供营养，相濡以艺，一味浇灌极难成长的自家品种。但他们忽视了外面的花花世界，那花花世界中，自我表现与吹吹捧捧才有戏可看。他们应多参加些展出，我怕自己孤傲的言行影响他们的对外活动，他们还年轻，尚未到隐居山林的岁月。刘巨德当了清华大学美术学院副院长以后，他这条老黄牛又天天忙于在教学和繁杂事务的泥田里耕耘，有口皆碑的刘巨德几乎奉献了自己的全部生命，夜深返家，累得立刻上床睡觉，第二天一早又出门，同钟蜀珩商议的时间都没有，有些事他电话中同我谈过，我将自己的意见叫钟蜀珩转告，小钟竟茫然不知何事。钟蜀珩担负起全部家务，她的正业是教书匠和家庭妇女，兼职画家。这种情况下，他们居然还挤出时间创作出少而精的作品。他们经常要求来看我，我总坚决拒绝，而非婉谢，实在痛惜他们的光阴。

天未必将降他们以大任，却先苦其心志，打击其生命，他们在美国学习的爱子车祸身亡。我对刘巨德说怕钟蜀珩承受不了，她身体不好。钟蜀珩说别看刘巨德男子汉身壮，其实他的感情更脆弱。他们终于耐着天崩地塌的灾难熬到今天，愿艺术，唯有艺术拯救艰难的人生、苦难的灵魂，这一对我所深深了解的纯正的灵魂。读者们到作品中去体味这双美丽的心灵吧！

2004年7月

附：后记

　　我在病院中，想起桂林市新美术馆落成开幕将邀刘巨德和钟蜀珩联展，记得是在7月间，但不知确切日期。我斜靠在沙发上，用一本杂志中一张附页背面的面纸当作稿纸，手颤颤地写了这篇短文。刘巨德和钟蜀珩多次要求来病院看我，他们住在清华，太远，我拒绝。今要他们来取稿，便打电话到我家中叫乙丁通知他们来医院，但我家电话关闭了。我手头有赵士英的电话，便叫赵士英通知刘巨德或通知乙丁转告。赵士英夫妇当即来了医院，他俩首先读了稿。乙丁打通刘巨德的手机，他和小钟已到桂林，两天后展览即将开幕，他问乙丁何事，乙丁说无事，乙丁不知稿子的事，以为只是叫他们来看看我，我家人要我好好休息，不让我写什么东西。刘巨德和钟蜀珩从未要求我题词、签名、合照，从不利用我这"幌子"干点什么事，更不可能要我为他们写文章。翌晨乙丁来医院，谈及刘巨德已到桂林，我说主要为了取文稿，乙丁立即打通了刘的手机，我直接说写了稿子并题目，他当然太出意料，要钟蜀珩同我说几句，小钟拿到电话，泣不成声，一句话也说不出，我在哭声中挂断了电话。乙丁立刻上街将稿子传真，对方传真机的纸面不够宽，右边直上直下缺了一行字，乙丁便在电话中一字一字给核对。他们读到稿子后，我估计钟蜀珩的泪将如暴雨般洒尽。

载《文汇报》2004年10月20日

踏破铁鞋缘底事
——关于阎振铎

"儿子无才能,找些小事情做做,千万不可当空头文学家和美术家。"鲁迅所厌恶的空头美术家代不乏人,数量激增,且大都活动能量大。君不见,处处,时时,会突然冒出"著名""天才"画家来。我不幸作为职业美术教师,长期面对学艺青年,指引他们往哪里走,其实看自己的路也很茫然,所以内心深处倒是愿他们不进学院来步苦行僧生涯。

阎振铎当年进我的课室时,只带着一只手臂,这引我首先注意他,残一臂,不宜从事重大工作吧,所以就学学美术这种轻松活儿,我心里这样估量。因此我放低了对他的要求,夹杂着同情与怜悯。然而他学习的认真与对作业的严酷追求使我吃惊了,他的进步、他的真诚,都流露了学艺者的赤子之心。他并非为了寻求照顾而来学艺,在生活中的各方面,他一只手臂完完全全顶替了两只手臂的功能,从此令我刮目相看。他练就坚实的基本功,以优异成绩毕业于学院后,在北京市美术公司从事创作实践,工作中须适应各式各样的客观要求,在客观标准与主观艺术追求的矛盾冲突中他摸索着前进,逼他掌握艺术技巧中的十八般武艺,以应付各方袭击。其间,技巧之外,逼他进一层估计、思考作者与观众间的距离。这个距离问题的思考一直追踪他。后来他进北京画院任专业画师,到美国访问与讲学。美国归来,前不久来我家,又谈及这一与群众感情的断线与否问题,因他作品常涉足具象与抽象之间,也感到风筝之线断不得。说得更确切些,我认为关键在线的本身,有时是线太粗、太笨,影响了作品的纯度,宜选细线、隐线,或者韧线。

从阎振铎作品发展的轨迹中,看到他进入掌握客观形象的法则后,便发现了客观形象中的美的构成规律,他逐步将探索重点移向美的构成规律,特别偏重色彩的构成规律,他重复了塞尚的道路。古今中外的探索者们,大都走过相似或平行的路,虽然前人的经历大大缩短了后人的迷途,所谓在巨人的肩头上起步,但在艺术实践中,实践者也,就包涵着每人从零起步的必备体验。阎振铎的近作如《御花园》《五龙亭》《水乡》《长城》《丁香》等等,都属于面对自家山河,表现其间色块起伏、进退、穿凿等等关联着组织结构的美感经验。随着作者美感经验的不断发展,永远赋予画面重新构成的新生命。就画论画,将阎振铎的作品(某些方面与斯太埃尔有相近似之感受)并列于西方名家之作中也并无愧色。我们不迷信,不自馁,但性命攸关的问题是:须发现只属于自己的,创造出只是自己内心的流露之作,令塞尚、毕加索他们无从比拟的独特艺术素质。这正是早过了不惑之年的阎振铎尚在踏破铁鞋苦求索的人生大课题。

色块的参差错落似乎是今天阎振铎的明显面貌,但以往他降低色调以显现线弦的含蕴之美的作品曾引人瞩目。他遭遇了色、线之间的矛盾,他

毕加索 格尔尼卡(1881—1973)

推崇马蒂斯解脱了这个困境。他在强劲色块控制的画面中辟出线之领域，引进线之唱腔，林风眠不就在这方面做出了创造性的贡献吗？后浪推前浪，中华民族的子孙确乎将在自己父辈的肩头上攀登东方的高峰，亦即世界的高峰。

战争年月使阎振铎失去了一只臂膀，他痛恨战争，矢志此生要以主要精力表现战争的苦涩。赤松俊子夫妇刻画广岛之役，逼视赤裸裸的血肉惨象；毕加索表现对格尔尼卡之轰炸，将人间悲剧提升为天国之灾；阎振铎想倾吐亲自在战争中感受的灵肉之撕裂。从艺数十年，数十年间心灵的颤战与形相之裂变相碰撞、吻合，是歌是哭。他久久怀了一个人生感受与艺术感受相结合的胎，胎儿的萌动使他痛苦。已有相当一段时期了，他面临分娩怪胎的忧虑，朋友们都关怀他，期待巨龙的诞生！

1990年代中期